햇살 철공소

햇살 철공소

김두기 제7시집

도서출판 신정

‖ 작가의 말 ‖

시에게 건네는 삶의 말

오랫동안 시의 틀린 춤을 추었습니다.

감정이 앞서고 말이 넘쳐, 시답지 않은 언어로 삶을 적었습니다.

이제는 오래된 말들을 털어내고, 시의 질서에 귀 기울이며 다시 걸음을 맞춰봅니다. 사는 것이 시처럼 살고 싶은 마음이었기에, 시에게 수많은 고백을 해왔습니다. 그 고백들이 모여 한 권의 시간으로 엮였습니다.

이 시들은 삶이 내게 준 말이며, 내가 시에게 건넨 대답입니다.

이제 시와 함께 걷는 길 위에서, 조용히 독자 곁에 닿기를 바랍니다.

차례

△ 작가의 말 / 4

제1부

바람에 춤추는 생의 꽃 ·············· 12
떠도는 발자국 ······················ 13
밤의 편지 ·························· 14
쓰레기 보살 ························ 15
푸른 붕어빵 ························ 16
길 위에서 피는 꽃 ·················· 18
불빛을 줍는 남자 ··················· 20
달꽃이 아프다 ······················ 22
고목 ······························ 24
촛불 ······························ 25
오래된 마루 ························ 26
버려진 빨간 구두 ··················· 28
개똥과 비 ·························· 30
해운대, 물 위의 시간 ················ 31
길을 가다 ·························· 32
한여름의 몸짓 ······················ 34
새벽길 생각 ························ 36
새벽 2시 ··························· 38
스탠드 속에 어둠의 집 한 마리가 산다 ········ 40
등 푸른 새벽의 바람 ················· 42

제2부

풍장	44
빛 아래 기다리는 의자	45
새벽의 아스팔트	46
빨래 건조대 위의 시간	48
빨래들의 밤	50
파도새	51
지하도의 신문지	52
고목의 염송	54
석부작(도심의 틈에 피는 마음)	55
새벽의 불빛	56
보도블록 위의 달꽃	58
물을 마시며	60
어둠의 파장	61
0시의 바다	62
날지 않는 파도새	64
잎사귀의 틈 속에서	66
벼루의 숨결	67
신발, 그 이름에	68
낡은 의자	70
빛을 심은 밤	72

제3부

바람의 기록 ················· 76
말똥구리의 직업 ············· 77
산, 그리고 나 ··············· 78
폐지의 무게 ················· 79
거리에 버려진 A4용지 ········ 80
백묵의 심장 ················· 82
푸른 풀, 도시의 그림자 ······· 84
작은 깨달음 ················· 86
십자수 ······················ 88
그림자의 자리 ··············· 90
대리운전 ···················· 92
물수제비 ···················· 94
새벽, 낙엽을 쓸다 ············ 96
황태, 사막을 지나며 ·········· 98
도시의 그늘 ················· 100
그늘의 언어 ················· 102
육교를 건너며 ··············· 103
왈츠의 빗방울 ··············· 104
신발 속의 길 ················ 106
새벽 봄비 ··················· 107

제4부

활자의 피 ······················· 112
속도, 그 저편에서 ··············· 114
잎의 태도 ······················· 116
마지막 주유소 ··················· 118
호박 줄기 ······················· 120
아스팔트 ························ 122
그 공간 ························· 124
입춘 ···························· 126
알츠하이머 ······················ 128
책상 위에 자 ···················· 130
바다 품은 산, 고요의 노래 ······· 131
못 ······························ 132
빗살무늬 망령 ··················· 134
불볕의 더듬이 ··················· 136
낙엽을 쓸면서 ··················· 138
번개의 뒷모습 ··················· 139
직선, 부러진 날 ················· 140
기둥, 아직도 절 안에 들지 못한 ·· 142
신문 ···························· 143
바람의 족보 ····················· 144

제5부

새벽의 점수 ……………………………… 148
지붕 위 달꽃 …………………………… 150
아파트의 귀향 ………………………… 152
가을 철공소 …………………………… 154
해녀, 바다의 몸짓 ……………………… 156
마지막 잎사귀는 당신의 이름으로 …… 158
누이, 봄 재봉사 ………………………… 160
화수나무 ………………………………… 162
가지의 좌표 …………………………… 164
설야를 품다 …………………………… 166
발가락 …………………………………… 168
발이 없다 ………………………………… 170
침묵의 강을 건너는 새 ………………… 172
발등 위의 나무 ………………………… 174
빈터, 여유의 숨결 ……………………… 176
놀라요 뻥 ……………………………… 177
제비, 둥지를 찾아서 …………………… 178
팽팽한 하루 …………………………… 180
나이를 먹어가면서 ……………………… 182
달맞이길, 어머니의 뒷모습 …………… 184

⁕ 발행인의 말 **서평 박선해** / 185

제 **1** 부

바람에 춤추는 생의 꽃

사시사철 피어나는 생의 꽃이
빛 속에서 반짝이며 숨을 쉬건만,
그 뿌리에 얹힌 삶의 무게에
간혹 허리가 휘어 몸부림치기도 하지

그러나 물기 젖은 꽃잎이
햇살 아래 조용히 눈물을 말리면,
다시 미소처럼 가벼워진 마음이
바람을 따라 춤을 추네

기쁨은 햇살 아래 피어나고,
바람에 실려 날아가며
꽃잎에 스며든 또 한 방울의 눈물도
따뜻이 품고 살아갈 수 있는 힘이 되어
나의 길은 언제나 하늘 아래
팽팽하게, 생생하게 펼쳐지네

떠도는 발자국

그 무엇으로 자리를 지키려는
악착스러운 날들 속에서도
흔들림에 아파할 때면
깊은 뿌리의 말을 듣고
희미한 선율을 좇는다

홀로 선 채, 하늘을 바라보면 구름은
낮게 내려와 조용히 어깨를 감싸주네

바람은 낡은 길을 쓰다듬고
햇살은 묵묵히 온기를 보탠다

어제의 그림자 사이로 흘러가는
오늘을 붙잡으며 나는 더 단단해진다

낮달 아래 고요한 밤,
쉼 없이 떠도는 발길들
길 위에 새겨지는 흔적들
그저 그렇게, 그러나 누구보다 깊이 살아간다

작은 떨림을 안고 다시 걸어가는 길

밤의 편지

어둠은 그 자체로 고요한 대화가 된다
눈을 감아도, 마음을 닫아도
별빛은 문 앞에서 가느다랗게 속삭인다

닫힌 대문, 굳게 걸린 빗장
그 틈에서 또 하나의 내가 몸을 움츠린다

바람이 스쳐 가면 흔들리는 마음처럼
어둠은 벽과 벽 사이에서
가슴을 쥐어짜고 있다

문을 열면 몰려드는 검푸른 장막
그 속에서 별의 소리를 붙잡는다

선명한 손자국처럼
가로등 불빛 사이로 부서지는 눈빛
나는 어둠을 피하지 않고,
그 깊이를 마주한다

어둠에 잠기지 않으려
빛을 찾아 나아가려 조용히 길을 나선다

쓰레기 보살

남구 재활용 선별장에
해탈한 껍질마다 목탁이 울린다

제 몸을 내어주고
구석진 곳에서 무릎을 꿇는 순간,
백팔 번뇌는 흙으로 돌아간다

버려진 조각들 속에서
보살의 미소가 피어나고,
텅 빈 공(空) 안에서 새로운 삶을 꿈꾼다

미화원의 손길 아래, 천당과 지옥이 갈리고
구더기는 날개를 달아 높이, 더 높이 날아오른다

보살의 행은 걸음마다 원을 그리고
인연이 되고 다시 실천이 되어
매립장의 경계를 넘어서 간다

그곳엔 날마다 염불 삼매가 피어나고
쓰레기 속에서, 누군가는 부처가 된다

푸른 붕어빵

철판 위, 숨이 끓는다
불빛에 푸른 공기가 찢기고,
붕어 한 마리가 허공을 가른다

숨결처럼 퍼지는 기름 냄새,
발광하는 비늘 끝에
묻어나오는 갈색 꿈의 잔해,
익을수록 끈적해지는 기억,
퍼덕거림조차 혼란한 세계다

철판호수,
퍼덕이는 심장,
기울어진 시간 위에서
붕어는 방향을 알지 못한다

뒤집히고 부풀어 오를 때,
뜨거운 공기가 살갗을 붙들고
금세 사라진다

광주리 속에서 꿈틀대는 눈빛들,
벽을 헤집고 나가려는 지느러미들,
소리 없이 흔들리는 고통 속에서

불빛에 갇힌 몸들이 팽창 한다

낙엽 같은 손님이
지느러미를 잡자
붕어는 파다닥거린다

하늘만 보는 놈,
땅만 바라보는 놈,
스스로 몸을 뚫고 울어버린 놈

그러고 보니,
너희들도 나처럼
그렇게 살아가는 구나

온밤을 지새워야
집으로 가는 길을
알 수 있는 것이구나

푸른 집을 향한 갈망,
기름으로 코팅된 세상 위에서
너와 나는 어딘가로 향하고 있다

길 위에서 피는 꽃

길을 십리쯤 걸어보니
또 다른 십리가 피어났다

위태로운 걸음 위에 흔적마다
아쉬움이 웅덩이처럼 고이고
앞장선 꿈의 꼬리를 잡으려
허리 숙이게 하는
칼바람을 지팡이 삼았다

끝까지 동행을
요구하는 통증을
그림자 속에 숨기고
거울처럼 하나씩
닦아가며 살아왔다

달려온 길의 외침들은
허공에 집 한 채씩 짓고
모퉁이를 돌 때마다
발아래 핀 꽃들은
잎사귀 같은 이력서를
벽보처럼 기둥에 내걸었다

주저앉고 싶을 때마다
노을 진 방향으로

마음을 내려놓고 싶었지만
발끝에서부터 머리끝까지
파고드는 전율에
한 걸음 더 내디뎠다

근육의 게으름을 재촉하며
발바닥에서 피는 꽃의 비명을
다시 꾹 눌렀다

눈을 뜨는 순간부터
길을 걷고 또 걸었다

만개한 꽃 사이로 길이
암담해질 때면
나의 길은 한없이
텅 빈 공간이 되어버린다

길 위에서 피어나고 싶어 했던 꽃
그 생의 종점까지 점령하고 싶어 했던 꽃

그 끈질김 앞에서
삶의 유희를 절감하며
내일도 길은 살아나서
꽃을 피우려 꿈을 꾼다

불빛을 줍는 남자

새벽 거리, 빛 없이 걷는 남자가 있다
먼저 깨어난 어둠을 따라
그의 발길이 조용히 흔들린다

비닐봉지 몇 장,
바람 속을 떠돌고
군밤장수의 눈빛이
모락모락 피어날 때
길가에 멈춘
작은 불빛 하나
남자는 소매 끝에
조심스레 감싼다

어둠을 쓸어 담는 손길은
이미 많은 부스러기를 지나왔다
그의 발자국 위에서
희미한 빛이 하나둘 맑아진다

골목 구석마다 눌러앉은
어둠의 뼈마디 소리
말초신경처럼 팽팽한 청춘들이
기타 줄처럼 울려 퍼진다

딱딱한 아스팔트를 뚫고
한 줄기 생의 뿌리가
조금씩 불빛을 향해 자라난다

빛이
어떤 얼굴을 하고 있든
그는 쓸고 또 쓸며
하루를 살아간다

언젠가,
작은 빛들이 모여
남자의 발밑을
따스하게 데우는
날이 오기를
그는 오늘도 묵묵히
불빛을 줍는다

달꽃이 아프다

보도블록 위에 꽃이 피었다
밤새 지붕 위에 묶여 있던 달꽃
잎사귀마다 쓸쓸한 마음 향기가 일어선다

바람과 어깨동무하며
혼자만의 길을 헤맨다
뜨거움을 안으로 감추고
끝없이 눈길 닿는 곳을 휘젓는다

하룻밤의 꿈이 가슴을 관통하고
온몸에 피운 달 꽃의 소리가
심장 깊이 뿌리를 내린다

어둠의 텃밭에서
달빛처럼 가슴이 피어날 때
자신의 저문 생을 끌어안는다

식어버린 것들의 싸늘함 속에서
꽃잎은 떨어지고
떨어지는 꽃잎에 마음을 기울인다

눈물 젖은 날들
바람의 노래는 가슴을 저미고
오랜 흔적으로 남아 웅덩이 길이 된다

하루에 조금씩 무릎을 감싸며
등 너머로 하늘을 바라보는 달꽃

무엇인가 잃어버린 날이면
내 눈 속에도 달꽃이 핀다

생을 향한 그리움의 꽃
활짝 피고 싶어 하는 꽃
넓은 삶의 꽃밭을 꿈꾸며

오늘도 달꽃은 아프다

고목

가진 게 많을수록 잎은 바람의 표적이 된다
벗어낼수록 가벼워진 몸, 겨울 속을 걷는다
나이테마다 묵직한 시간의 짐이 매달리고
걸음은 둔해지나, 마음은 자꾸 봄을 넘본다
주름진 껍질 속 숨은 열망 하나
꽃처럼 발돋움하며 뻗어 오른다
불쑥 솟은 가지 끝 충동의 혀로
달콤한 기억 하나 몰래 핥아보며
익숙한 것들을 단정히 묻는다
바람의 꾀임조차 견디는 법을 배웠다
절반쯤 지나온 겨울 속 줄기엔
얼음 같은 침묵이 흐르고
설피가 속삭이며 가지를 흔들면
어느 줄기 하나 툭, 무심히 꺾인다
그러나 뿌리는 더 깊이 자신을 감는다
부러진 자리마다 옹이가 피어난다
옹이는 고통이 아니라 기억의 주름
바람 속에서 나는 내가 누구였는지 배운다
하늘은 먼 곳이 아니라 매일 올려다보는 곳
천천히, 그러나 분명히 황혼을 밝혀간다

촛불

하얀 모시옷 스러지며
까맣게 타는 마음
선홍빛 입술 아래로
흘러내리는 눈물

끝없는 그리움이 스러져
눈물로 무덤을 이루고,
칸칸이 켜진 어둠 속
골판지처럼 패여 가는 가슴
바람이 나뭇가지를 흔들면
흔들리는 불꽃처럼
갈피를 잃고 떠도는 목숨

어둡지도, 밝지도 않은 은은한 빛
그대가 안은 어둠의 가슴에
정열의 꽃을 피워
시린 마음을 데워 가며
서서히 스스로를 태운다

희생 속에 기쁨을 품고
한 세상 다하는 그대,
밝은 태양이 떠오르면
더 큰 빛을 안고
나는 길을 떠난다

오래된 마루

삐걱삐걱, 낡은 세월의 소리
아버지가 마당에 내려서자 멈춘다

골다공증처럼 금이 간 자리
마루의 등을 햇살이 어루만진다

네 세대를 묵묵히 품어온 넉넉함
나이테 같은 살결이
반짝이며 방문 고리를 붙잡고 있다

집 안에서도 집 밖의 세월을 견디다
누군가 마루의 품속으로 들어오면
힘들어도 기침소리 울려 반기려 한다

돌아올 것은 반드시 돌아와야 한다
아버지의 눈빛 떨림 같은 그리움
옹이 빠진 자리처럼 허전하다

소판 돈 훔쳐 도망간 형을 기다리며
마루의 틈은 점점 갈라지고
아버지의 주름은 깊어졌다

기다림을 감추려
아버지는 마루를 왔다 갔다 한다
가래 끌어내는 기침을
마당 가득 널어놓으며
흘러간 세월은 더 뜨거워졌다

장손이라 기둥처럼 살아온 형
그가 돌아오면
마루도 삐걱이지 않을 거라고
믿고 계셨다

점점 벌어지는 시간의 틈을 바라보며
붉게 지는 저녁노을을
마루에 앉혀 놓는다

마루 중심에 남겨진 흔적들을
무심코 바라보다
슬며시 단잠에 빠진다

꿈결에, 형이 아버지에게 절을 하고 있다

버려진 빨간 구두

새벽 도로 한쪽,
홀로 길을 짊어진 빨간 구두 한 짝
움찔거리며 걸어가려 한다

그 여자가 떠난 순간부터
구두는 밤하늘을 신고
은하수를 건너 그녀의 창가를 찾아간다

날이 샐 무렵이면 어김없이 돌아오는 길
그녀가 어디에 있는지
아무도 모르지만
버려진 빨간 구두는 알고 있다

뒤축을 낮춰가며
지금까지 걸어온 길에게 편지를 쓴다

은하계의 물컹한 길 위에
자신의 이름을 새기며
짝을 찾아 걷는다

미아가 된 쓸쓸함을 품고
정지표지판이 막아선 길에서
멈추지 않고 걸었다

막다른 골목 앞에 다다를 때마다
새로운 길을 만들어간다

더는 사람의 발에 의해
조정당하고 싶지 않다

양탄자가 깔린 호텔 길을 꿈꾸지 않는다
차라리 진흙탕 속을 걸어
맑은 길을 찾아가고 싶다

도로 위 자동차들의 불빛에
웃는 듯 사라지는 그녀의 몸짓

때론 중앙선을 넘어
별빛으로 피어싱한 몸을 흔들며
미지의 길을 걸어간다

신발의 천국이 그녀를 다시 걷게 할 날이 올 것을
버려진 신발 한 짝은 알고 있다

포기하지 않은 발자국이 들린다
그 새벽 도로에서 빨간 구두는 더욱더 붉게 피어난다

빨간 신발 속에는 언제나 빨간 길이 열려 있다

개똥과 비

길모퉁이, 개똥 위로 비가 내린다

아무도 그 자리에 남겨진 까닭을 묻지 않고
오직 빗물만이 그 흔적을 감싼다

흙의 품으로 서서히 스며드는 조용한 시간,
그 모습은 나의 헐벗은 마음과 닮아
빗방울을 친구 삼아 외면 받는 세상의 끝에서도
작은 생명의 양식으로 흐른다

비와 함께 더 큰 강으로 스며든다
차가운 눈총이 개똥 속에 자국을 내리고
내 눈물 또한 그 틈을 채운다

그러나 그것은 언젠가 간절한 바람의 약이 되어
새로운 빛을 품으리라
홀로 버려진 길 위, 비는 흔적을 지우지만
소망은 빗속에서도 사라지지 않는다

풀잎 사이로 조용히 피어나 또 다른 길을 꿈꾼다

해운대, 물 위의 시간

해운대엔 제 자리를 잃은 파도가 먼저 도착 한다
모래는 아무 일 없던 듯 하루를 펼치고
동백섬의 붉은 숨결은 바람이 된다

달맞이 언덕엔 달보다 오래된 기다림이 뜨고
조선통신사의 팔뚝은 파도에 씻겨 새벽이 된다

미포 철길의 녹슨 못 하나 끊어진 기억을 꿰매고
그 위에 무성한 풀이 자란다

도시는 해안을 따라 확장되지만
풍경은 언제나 한 발 물러서 있다

해운대는 해변이 아니라 질문이다

누가 여기서 떠났으며
누가 아직도 돌아오지 못했는가

조선호텔 그림자 아래 빛바랜 잉크로 쓰인 이름,
바다를 향한 첫사랑의 편지 바다는 기억하지 않지만
그 자리에 또 다른 발자국을 기다린다

길을 가다

길을 십리쯤 걸어보니
또 다른 십리가 펼쳐진다

위태롭게 걸어온 걸음마다
아쉬움의 웅덩이가 스며 있고,
앞장선 꿈들의 꼬리를 붙잡아
허리 숙이며 칼바람을 지팡이 삼았다

끝까지 동행을 요구하는 통증을
그림자 속에 숨기고
조각난 순간들을 닦아 거울을 만들며 살아간다

달려온 길들의 외침이
허공에 집 한 채씩 지어 올리고,
모퉁이를 돌 때마다 발끝에서 핀 꽃은
잎사귀 같은 이력서를 벽에 남긴다

주저앉아 버리면 노을 진 하늘 아래
마음까지 내려놓고 싶어지지만,
발바닥에서 피어나는 전율이
한 걸음 더 나아가라며
근육의 게으름을 재촉한다

눈을 뜨는 순간부터
어떻게든 앞으로 나아가려 하다가
발끝에서 꽃이 피어난다

만개한 꽃이 더는 길을 품지 못할 때,
나의 길은 슬픔 속에 텅 빈 채 남겨진다

길 위에서 피어나고 싶은 꽃,
생의 종점까지 머물며
묵묵히 삶을 지탱하는 그 진득함에
나는 유희와 비애를 함께 깨닫는다

내일도 길은 살아나고
꽃은 다시 피어날 것이다

한여름의 몸짓

한여름 날 매미 소리
고막 깊은 곳에
쌓여 산이 되었다

목청 열지 못한 몸짓으로
여름을 득음시키고
수줍은 수양버들
그늘마저 움직이게 한다

게으른 푸른 녹음은
길이를 쭉쭉 늘이며
바람 없는 날의 숨을 고른다

누군가 묻는다

달랑 남은
옷 한 벌마저 벗긴
저것은 무엇인지
안으로 들어서지 못하고
문밖에서 서성이는
그것은 무엇인지
달려도 제자리인

그것은 무엇인지
숨 가쁘게 불러내
손잡아 흔들어 본
그것은 무엇인지

뒤돌아선다
모른다고,
모르는 것이라고

그 높이를 재려 하지 마라
때리면 맞는 대로
열면 열리는 대로

턱을 괴고 앉아
마주할 것이다
그 이름에
이유를 붙이지 말라

그저 흘러가는 시간처럼
몸짓으로 남은 여름을
받아들일 뿐이다

새벽길 생각

새벽이 몸을 흔들어 깨운다
꿈에 젖은 하늘은
별들을 곳곳에 심고
길의 끝을 움켜잡고 있다

눈뜨기 직전의 달콤함은
어깨 위에
무겁게 걸터앉아
이슬이 새벽을
가로질러 기도한다

가로수 잎 사이를
떠도는 숨결이
새벽의 첫 울음을 토해낸다

달빛은
가슴 한쪽을 붙잡고
더 환하게 손을 흔든다

그 빛은
아직 집을 찾지 못한
삶의 뿌리를 품고 있다

새벽의 몸통이 기지개를 켜자
길은 여러 갈래로 갈라지고
삶은 새처럼 날개를 파닥인다

그 새는 가슴 한쪽을
땅속 깊이 묻어 놓고
줄기를 피워 올리는 영혼이다

영혼의 잎사귀는 흔들린다
때론
흔들림의 경련을
이기지 못해
흔적도 없이 사라진다

그 사라진 울림은
어둠 속으로 스며들어
아침 해를 불러낸다

나는 나의 직업 속에서
울려 퍼지는
종소리를 새벽이 고르고 있다

새벽 2시

어둠이 벽을 쌓아 올린다
두꺼운 고요 속에서
삶의 조각들이
담쟁이처럼 기대어 졸고 있다

벽에서 미끄러진
마음 하나가
문을 열고 골목을 헤맨다

가로등 불빛은
흐려지고,
내 그림자는
점점 희미해진다

새벽 2시,
벽이 세워지고
무너지는 소리가
심장을 조여 온다

덩치보다 더 컸던
갈망이 뿌리를 내리는
소리로 돌아온다

벽을 짚고 올라가는
울부짖음이
틈 사이에서
술잔을 높이 들고 있다

부딪침이 선명하게 들려오고,
순간,
낯선 내가 나를 부른다

밤마다 월장을 해도
여전히 같은 자리에서
맴도는 나

이제 어둠을
벽에 걸어두고
물걸레로 닦아야 할 때다

새벽이 나를 데리고 간다

더 이상 흔들리지 않는다

스탠드 속에 어둠의 집 한 마리가 산다

스위치가 내려졌다
벽이 숨을 죽이고,
심장소리가
칼날처럼 퍼진다

침묵한 어둠이 입술을 열자
나는 포로가 되지 않기 위해
스탠드의 숨구멍을 열고
눈빛을 연결하려 하지만
빛의 중심까지 닿지 못한다

그곳엔 오래전부터
집 한 마리가 웅크려 있었다

밤마다 어둠을 짜 맞추며
동아줄을 엮는 손길
그 집에 사람을 살게 하려
깊이 간직했던 꿈 하나를
문패로 달았다

번쩍, 번쩍,
부러진 다리 위엔

무덤을 만들려 했던 어둠이
하나둘 외출을 감행한다

집은 아픔으로
흔들리고
바라보는 공간은
점점 넓어진다

어둠의 그림자를
뒤로 둘수록
길은 물먹은 종이처럼
부풀어 오른다

나는 순간 눈앞이 흐려져
눈을 감았다가 뜬다

지금에서야
집 한 마리가 문을 열고
나를 입장시킨다

등 푸른 새벽의 바람

찬바람은 닭 벼슬처럼 날을 세우고
한낮의 온기를 송두리째 파고든다
파도는 오고 가는 길목에서
은빛 비늘로 웅성거리며 날을 세운다

어둠을 걸어 가는 발걸음마다
땀방울은 바닷바람 속에서 젖어가고
형광등 아래 백발노파의 갈고리에
치열한 하루가 싱싱하게 퍼덕인다

서로 얼굴을 바라볼 틈도 없이 등 푸른 삶의 길이
한곳에 고여 들썩이며 출렁이고,
뜨거워진 앞치마 주머니 속 지폐 몇 장을
머리카락 쓰윽 넘기듯 헤아려 본다

부푼 헌 돈 같은 새벽을 그러모아
붙잡을 수 없는 시간을 하얗게 물들일 때,
굽혔던 허리를 펴면 새벽은 붉게 익어가고,
삶의 시장은 다시 들썩이며 노파의 밤은 깊어져 간다

입술 사이 심심초 연기의 흔적 따라 바다는
철얼썩 철얼썩, 싱싱한 숨결을 내쉬며 뒤따라 온다

제 **2** 부

풍장

낙엽은 흙살을 품고 떠난다
먼지조차 허공길에 닿지 못해
바람 속을 맴돌고 있다

머릿속에 새겨진 한 세상의 순간,
그것을 다시 펼쳐 보이고 싶어서인지
반쯤 펴진 손바닥 지문을
지도처럼 펼쳐놓고
고장 난 나침반을 움켜쥔다

침묵 속에 가라앉은 그의 이름,
다시 "아—" 하고 부르면
뒤돌아보려는 그림자가 있다

백골은 뼈의 춤을 추며
달빛 옷을 겹겹이 입고 길을 나선다
그 길은 바람이 멀고도 멀게
옹이의 삶을 흩뜨려 놓는다

엮이고 엮였던 인연들이
뒷모습을 남긴 채 걸어간다

빛 아래 기다리는 의자

콘크리트 바닥 위 나는 한 자리 차지한 채
오가는 발걸음을 지켜본다

당신이 앉을 자리를 만들겠습니다
붐비지 않는 골목의 한켠,
네온 빛이 스며드는 창가 아래
나는 과장되지 않은 쉼터가 되어
너무 좁지도, 너무 넓지도 않게
당신이 기대어 숨 고를 수 있는 자리
광고판 아래 바람이 흐르고
지나는 사람들은 각자의 무게를 안고
시간처럼 흘러간다

언젠가 당신이 돌아오면
나는 흔들림 없는 온기로 당신을 품겠어요

어두운 밤에도, 비바람이 지나간 자리에
나는 여전히 당신을 기다릴 것입니다

도시의 불빛 속에, 나는 기억을 새기듯
묵묵히 당신을 기다린다

새벽의 아스팔트

가자미 눈 같은 가로등이
잠들지 못한 도시를 바라본다
골목은 휜 등을 펴지 못한 채
손과 발을 짚고 일어선다

몽롱한 정신은
신호등 아래 흔들리고
비틀거리는 발자국이
어제를 지우고 있다

흔들리는 전광판 속 숫자들
차들의 속도에 반사된 시간
어깨에 걸친 광고판처럼
누군가의 하루가 조용히 흔들린다

쇠창살 틈으로
새어 나오는 달빛
나는 그 그림자를 털어내고
빗자루처럼 허리를 곧추세운다

빛만으로 살아갈 수 없는 거리
딱딱한 아스팔트 위
내 모습 닮은 파편들이 웅성거린다

새벽은
공허한 가슴을 채우는
밥상처럼
희미한 길을 더듬어간다

가로등은
가자미눈처럼
한쪽을 응시하며 깜빡인다

골목 끝에서
철제문이 떨리고
그 안에서
또 다른 새벽이 시작 된다

빨래 건조대 위의 시간

세탁기 문을 열자
젖은 옷들이
서로를 껴안고 있다

비틀린 주름 속에 남겨진
하루의 흔적
아내의 셔츠는 나의 셔츠에
아들의 운동복은
아내의 니트에 매달려
마치
도심 한복판의 인파처럼 얽혀 있다

물속에서 우리는
함께 흔들리며
서로의 얼룩을 지우고
탈수 통 속을 빙빙 돌았다

현기증을 나누던 순간들이
지나가고
건조대 위에서 햇빛을
맞이하며
몸을 펴는 시간

고층 빌딩 사이로
불어오는 바람 속에서
젖은 천 조각들은
서로를 확인하고
말라가며
본래의 형태로 돌아온다

한 세탁기 안에서
같은 물에 젖어
같은 회전 속에 휘말려도
시간이 지나면
각자의 옷깃은 다시
자기 자리로 돌아간다

그러나 바람이 스칠 때마다
그 흔적은 남겨진다

도시의 빨래처럼
우리도 서로 얽혀 흔들리고
다시 제자리를 찾는다

빨래들의 밤

고층 사이, 네온 빛 흐릿한 창가에서
세탁기 문이 열리자 젖은 옷들이 서로를 껴안고 있다

바지는 아내의 셔츠에 기대고
아들의 운동복은 탈수 속에서 흔들린다

어제의 먼지와 시장 바닥의 비린내를 털어내며
회전 속에서 몸을 맡긴다

빨래들은 도시의 흐름 속에서
서로 부딪히며 얼룩을 지우고
현기증 나는 꿈을 나눈다

건조대 위에서 햇빛을 맞으며
몸을 펴는 시간, 바람이 천 조각을 흔들고
구겨진 셔츠는 선명해 진다

아파트 베란다 너머 가로등 아래 흔들리는 그림자들,
젖은 천 조각들은 서로를 확인하며 말라간다

도시는 몸을 말리고 출근길 위, 다림질된 하루가 걸린다

파도새

바람이 차갑게 스치는 바닷가
심장의 고동 같은 파도 속에서 새들은 날개를 편다

네온 빛이 희미한 구름을 가르고
저마다의 길을 찾아 떠난다
산책하는 사람들, 새의 깃털을 품고
파도 속 기억을 걸어간다

바다는 빈 몸이 된다
떠나가는 것들은 다시 돌아오지 않는다

둥지를 마련하고 싶었지만
바위는 나를 허락하지 않았다

펼쳐지는 날개는 헛손질이 되어
철제 난간처럼 거센 파도에 부서진다

새들은 울고, 파도는 그 눈물을 삼킨다
도시는 불빛을 띄우고
가로등 아래 나는 비행을 꿈꾼다
멀리 점처럼 날아가는 아기 새 하나,
한 점 새벽으로 스며든다

지하도의 신문지

차가운 바람이 밀려드는 밤,
지하도 입구에
한 남자가 몸을 움켜쥔다

신문지는 그를 덮어주었다.
덮고 또 덮어도
추위는 활자 사이로 스며든다

어느 날 찢어지는 힘줄 하나,
찌익—생이 절단 나는 소리
바람이 신문지를 휘몰아갔다

이불이라 믿었던 자신감이
먼지처럼 흩어지고,
너무 가벼운 날들이
일기처럼 인쇄된 채 흔들린다

문득, 신문지는
자신이 신문지에서
벗어났다는 걸 깨닫는다
그 남자의
온기 속에서야 존재를 느낀다

잉크 냄새가 뻐근하게 차오르는 밤,
골목 끝 초인종은 흔들리고
활자는
입속에서 튀겨져 나와
사방으로 흩어진다

그들의 하룻밤은
점점 낡아간다

뒤척이는 신문지,
엄마를 찾는 아이처럼
비스듬히 누운 채
어둠을 가만히 바라본다

목 깊은 곳,
새벽은 거칠게 기침을 뱉었다

가래처럼 뱉어진 새벽,
도시의 끝을 적신다

고목의 염송

범어사 아래, 눈 덮인 길을 지키는 나무 한 그루
전생의 염원으로 일주문 기둥이 되고자 했던 것일까
뻗은 팔의 관절마다 박힌 옹이,
그 틈새로 바람은 염불을 읊는다

절을 향해 염송하는 몸,
껍질마다 다라니가 스며든다
손발을 버려야 일주문이 되는 법,
그 뜻을 품고 묵묵히 서 있다

화려한 가구로 팔려가길 바랐던 나무들 속에서
이 자리에서 참고 살아간다는 것, 그 차이는 크지 않다

길가에 외롭게 서서 팔만 사천 법문을
이미 암송해버린 나무 꺾인 가지조차 삼매에 들고
환희의 울림이 바람을 적신다

눈 덮인 산길조차
그 온기를 품어 새로운 길을 만든다

세상은 흩어지지만, 이 나무의 법문은 끊어지지 않는다

석부작(도심의 틈에 피는 마음)

도심의 틈, 돌은 아무 말도 하지 않는다
정지 신호처럼 멈춰 선 균열
그 사이 한 줄기 뿌리가 안간힘으로 숨을 틔운다

비는 무심히 내려 기억보다 먼저
낡은 벽을 타고 내려앉는다
흙 한 줌 없어도 삶은 자리를 만든다

기댈 것도 없이 잠시 빌린 그늘 아래서
누군가는 폐허에 작은 정토를 그린다
햇살보다 먼저 그의 손이 초록을 문지른다

살아 있다는 건 피어남이 아니라
무너짐을 받아들이는 일

금 간 틈을 따라 바람은 숨처럼 지나가고
쇳소리 묻은 하루 위로 조용한 윤회가 감돈다

석부작은 말이 없다
지나간 계절의 빈자리에 또 하나의 봄이 피어난다

돌은 여전히 침묵하고 뿌리는 방향을 묻지 않는다
무심의 손길 아래 모든 견딤은 기도가 된다

새벽의 불빛

새벽은 빛을 품고,
남자는
그림자를 밟고 걸어간다

길 없는 골목,
막다른 길에서 멈춘다

바다는 등대를 찾아
파도로 몸을 일으킨다

군밤장수의 빵 모자 아래
모락모락 익어가는
미소 한 줄기

하룻밤을 길 위에서
보내야 하는 여린 꿈,
어둠의 부스러기를 쓸어 모아
발밑에 흔적을 쌓아 올린다

반쯤 걸어온 길,
말갛게 그림자 위로 떠오른다

신호등 잔영이 깜빡이고
청춘은 낡은 기타 줄을 뜯어
네온 빛 속에 소리를 새긴다

아스팔트의 거친 숨결 아래,
헐겁게 흔들리는 꿈의 옹이

하루를 견디며
빛을 만나러 가는 것,
그 빛이 어떤 색으로 남을까

남자는
새벽에 불을 심고,
빛은
그의 발끝에서 피어난다

보도블록 위의 달꽃

밤새 지붕 위에 매달린 달빛,
꽃잎마다 스민 쓸쓸한 향기

도시의 인파 속 홀로 선 그림자,
바람은 조용히 어깨에 기대어 온다

뜨거움을 안으로 감추고,
어둠 속에서 흔들리는
네온 불빛처럼
하룻밤의 꿈들이
가슴을 스치며 지나간다

온몸을 흔들며 피어난 달꽃,
심장에 뿌리를 내리고
버려진 광고판 아래에서 빛을 틔운다

저문 생을 끌어안고,
식어가는 시간을 들여다보며
밤이 얼마나 싸늘한지 견디고 있다

폐점된 네온 아래 흩어진 꽃잎,
마음은 그 잔영을 따라 흔들린다

바람이 저민 어둠의 노래,
그 흔적은 골목을 따라
웅덩이 길을 만든다

하루에 조금씩
무릎을 감싸며,
등 너머로 밤하늘을 바라보는
달꽃

잃어버린 것들이 많은 날이면,
내 눈 속에도 달꽃이 핀다

생에 대한 그리움의 꽃,
활짝 피고 싶어 하는 꽃,
너른 삶의 꽃밭을 보고 싶어 한다

달꽃은
폐점된 밤을 품고,
꺼진 불빛 아래 조용히 신음한다

물을 마시며

페트병 속 남은 갈증, 흔들리는 생의 잔영

마실수록 속이 비워지는 시간,
불어난 나이를 추스려야겠다

급히 삼킨 목마름을 씻어내고
사막을 견딜 내일을 위해
자판기 속 생수를 다시 채워야겠다

얼어붙은 시간 속,
물 한 모금이 온기가 되어 흐른다

지하철 손잡이에 남은 체온처럼,
작은 인정이 손끝에서 퍼져간다

급히 마시던 물을 이제는 음미하며,
단맛이 도는 꿈으로 바꿔야겠다

네온 아래,
자판기의 물은 다시 채워지고 밤을 적신다

어둠의 파장

손발 없는 그림자, 밤을 매단다

아무도 모르게,
발자국 곁에 조용히 내려앉는다

고층 너머 번진 빛,
묵직한 바다로 가라앉는다

그들은 잠시 모였다가 사라지고
시작도 끝도 없는 지금,
스스로의 무게를 잴 수 없다

신호등 사이로 퍼진 빛,
눈썹 끝에 걸린 잔영

뇌성번개 같은 울림인데도,
어둠은 흔들리지 않는다

파장은 고요히 스며든다

0시의 바다

도시는 잠들지 않는다.
고층 너머, 가라앉은 빛이 바다를 흔든다

초승달은 낮은 베개처럼
파도를 품고 조용히 속삭인다

별빛은 물결 위에서 잔설처럼 흩어지고
가로등 아래 무거운 어깨들은
묵직한 밤을 끌어안는다

방파제 끝에서 속눈썹을 적시는 바람,
그 바람을 따라 파도는 흔들린다

수평선 너머, 까만 밤이 출렁이고
모래 속으로 스며든 시간은
빈 술병처럼 누워 있다

삶이 꿈인가,
바다는 버릴 수 없는 흔적

도시는 네온의 그림자를 뒤집고,
바다는 흔들리는 불빛을 삼킨다

고요한 울림 속에서,
오륙도 섬이 둥둥 떠다닌다
그곳에 꿈을 새겨두고 싶다

파도에 밀려 지친 시간 속,
은빛 비늘 속을 가르며
바닷길을 걸어 흐려진 시간을 적신다

꿈의 자궁 깊숙이,
다시 태어날 바다를 품는다

별빛은 처마 끝에 매달리고
낮에 던져둔 그물은
미처 육지로 올라오지 못한 채
내일을 기다린다

잠들지 말았으면,
도시는 파도를 삼킨다
파도가 던진 흔적,
육지에서 메마른다

날지 않는 파도새

날개를 품고도 바다를 떠돈다

자신의 날개를 찾으려
심해를 헤매다
거센 물살에 휘어지고
바위에 부딪혀
상처의 비명으로 철썩 울었다

깃털마다 새긴 꿈의 흔적,
밀려왔다 다시 부서진다

그래도 본능은
날갯짓을 펼치라 하고,
혹시 하늘이
이미 바다 속으로 빠져든 탓일까

무거운 몸속에 그려진
새의 지도는
바람 따라 흔들리고 사라진다

파도의 발목을 붙든 것은
바다가 아니라,
하늘일지도 모른다

젖은 깃털이 허공보다
더 아늑한 둥지가 된다면,
그곳에서 몸을 말리고 싶다

혼자 날개를 펴보아도,
누구도 나는 법을
가르쳐 주지 않았다

한 평생 이곳을 사랑하며,
날아오르지 못해도 후회는 없다

바다가 품은 날갯짓 소리,
그 선연한 자태는
마음의 문을 열어둔다

허공을 날기보다,
쓰라린 어깻죽지 품으며
내 날개는 다시
물살이 되어 길을 찾는다

파도 속으로 몸을 던지고,
나의 날개는
다시 꿈을 흔든다

잎사귀의 틈 속에서

벌레 먹힌 잎,
숨결처럼 흔들리는 빛

손끝에 찍힌 조각난 색,
심장 속에 새겨진다

신호등 그림자,
네온의 틈,
빌딩 유리 속 찢어진 하늘

하늘은 조용히 걸어 내려오고,
도시는 잎사귀 속에 숨어든다

틈을 삼켜야 비로소
시원해지는 족속들,
잎사귀가 품은
작은 하늘 살점은
부서진 음표처럼
바닥으로 흩어진다

틈은 흔들리며 스며든다
도시의 밤을 따라

벼루의 숨결

한나절을 눕힌 벼루, 먹빛의 고요
붓은 그 피를 찍어 물고
문장의 길을 향해 달린다

가늘게 흩어진 끝 획, 벼루는
백설의 숨을 품고 길게 흐른다

오래전, 그들은 붓에게 피를 내어주고
검고 단단한 문체의 초원을 이루었다

누군가의 손끝에서 맥박이 살아나는 동안,
외눈박이 가슴은
뚝뚝 떨어지는 자리를 만들어 간다

늙어갈 수 없는 먹물의 핏방울,
붓의 입을 봉한 그 시절이
황사의 바람으로 지나간다

어느 틈엔가 그를 잊기 시작한 문장들이
벽에 빛을 새겨 넣고 있다

획의 숨결 속에서, 고요가 퍼져간다

신발, 그 이름에

배꽃 뿌리 깃든 신발,
불혹의 꽃잎 속에 잠긴다

떠다니는 그림자,
이름 없는 길 위에
길게 새겨진다

신발 속 물관을 따라
나는 허기진 미아가 되어
길을 삼킨다

달려 나갔다가
돌부리에 걸려
좌절한 채 방황한다

잎사귀 하나 더
피워 올려야 한다는
강박에 사로잡혀
발아래 딱딱한 밑창에
저항하는 시위군이 된다

나는 늘 발을 채우려,
가슴을
뻥 뚫어 놓고 대기 중이다

마구잡이로 쏟아지는
태양 속에서
엄지발가락 닿는 지점,
나는 다시 걸어간다

발을 밀어내려 하지만,
흥건한 땀이 나를 붙잡는다

지워버릴 수 없는 얼룩에
중독된 발걸음,
나는 나에게서
길을 지워버리고
빙빙 도는 현기증의 중심이 된다

배꽃은 다시 배꽃으로 쓰러지고,
나는 발에 대한 미련을 지우지 못한다

어느 날 밑창이 떨어지고,
이혼한 채 길이 되어버린다

육교 위 흔들린 뿌리,
길이 되어 나를 삼킨다

낡은 의자

오늘도 네 다리는
콘크리트 위에서 떨린다

고층 사이 네온이 번지는 밤,
스테인리스 표면에 잔영이 흔들린다

너는 묵묵히 무게를 품고
내 거친 몸을 받아낸다

삐걱이는 관절 속에서
불빛과 대화하는 소리가 울린다

철제 난간의 균열 속에
아직도 생생한 맥박이 흐르고,
더 많은 시간을 품고 있다

누군가의 발길질에도 흔들렸지만,
쓰러진 적은 없었다

지하철 손잡이에 스친 온기처럼,
한 번도 쉬어본 적 없는 너

뒷방을 지키면서도,
묵묵히 무게를 받아내는 의자
평생을 한 가지로
살아온 너는
거리의 바람처럼 흔들린다

한 발짝도 움직이지 못했지만,
도시는,
너를 통해 숨 쉬고 있다

나를 태우고 세상 속으로
가고 싶어 하는 너
빈 좌석이 되어
인파 속에 몸을 뉘인다

흔들리는 몸에도,
금속의 온기는 차갑지 않다

빛을 심은 밤

시궁창 속 어둠,
숨결이 번진다

흘린 밥풀은
타인의 발길에 흩어지고,
조명등 아래 밤은 틈을 품는다

그녀의 손에 쥐어진 화대는
부서진 삶의 조각을 모아
온전히 돌아오게 했다

멸시와 모욕으로
콘크리트처럼 굳어진 가슴,
눈물이 흐를 때마다

"영자야, 손님 받아라"

익숙한 소리가 귓가를 맴돌았다

그러던 어느 날, 처음 듣는 말

"당신은 천사입니다"

그와 영자의 묶음은
한 줄기 빛을 따라
사과나무를 심었다

벌레 먹힌 상처도
감사히 품으며,
비틀린 몸을 흔들며
햇살을 갈고리처럼 끌어당겼다

날개를 품은 세상을 상상했다가
진물 배어 나오는 상처에 마음이 울었다
이목을 신경 쓰지 않기로 했다

흩어진 밥풀이 사라지자,
그녀의 얼굴엔
장미 같은 집 한 채 들어섰다

하루의 입구마다 새 이름표가 붙고,
'영자'라는 이름도 이제는 사라졌다

팽팽하게 당겨지던 어둠 속에서
그들은 네온 아래 빛을 감싸 안았다

형광등 아래,
밤은 잔영을 품고 흔들린다

무심히 바라본 빛의 공간 속에서
한 숟갈의 밥을 먹이며
서로의 천사는 날개를 찾았다

날개 펴는 소리가
그 골목을 가득 메웠다

하루의 날개가
하나씩 돋아나는 곳마다
어둠은 아침으로 물들고,

마른 딱지 위로,
어둠은 천천히 빛으로 스며든다

제
3
부

바람의 기록

너는 어디서 왔는가
잊힌 먼지 속에서 흐느끼던 잎사귀처럼
너를 따라 달리던 그림자도 멈추었다

구름은 타버린 하늘을 긋고
빛바랜 나무는 노래를 잃고
잿빛 바람 속에서 기억은 춤춘다

멀리서 검은 파도가 몸을 뒤척이며
손끝 닿지 않는 곳에서 부서진 이름들이
저물녘 바람에 실려 떠돈다

한 줌의 모래 속에 갇힌 계절을 보았는가
그 어둠에 파묻힌 자들의 이야기
무너진 성벽 너머로 들리는 바람의 목소리

나는 흩어진 시간을 모아
그리움의 무게를 견디고
새벽의 빛으로 몸을 감싸며
다시, 너에게로 간다

말똥구리의 직업

나는 냄새를 굴리고 또 굴려
버려진 것들의 그림자를 삼킨다

어둠을 한 겹, 두 겹 감싸며
가난한 위장에 시간을 밀어 넣는다

목구멍을 스치는 가시는 익숙하다
숨겨둔 입과 눈, 콧구멍을 채우며
암모니아 빛 감로수를 들이킨다

나는 직업을 등에 지고 굴러간다
칭찬은커녕 무거운 시선이 목을 조른다
묵은 편견이 낡은 껍질처럼 몸을 덮는다

새벽이면 냄새는 땅으로 스며들고
사람들은 눈을 가린 채 안도한다

그들이 남긴 흔적을 나는 돌돌 말아
마지막 증거로 제시하며
끼룩거리는 잔소리를 삼킨다

굴러가지 못할 것은 없다
나는 직업의 누명을 벗으려
일출에 얼굴을 씻는다

산, 그리고 나

나는 키를 자라게 하고 있었다
새벽녘, 산사태가 덮쳐도
흙 속에서 숨 쉬는 법을 배운다

바람에 부서지고 가을에 물들어
붉어진 산 하나의 정상이 가까워지고
나는 죽음을 마주한 채 걸어간다

히말라야를 향해
바위틈의 공기를 움켜쥐고
그림자를 딛고 올라선다

영정사진 하나 품고 가면
산은 나를 새기듯 찍어둔다
돌 틈에 남겨진 이름들처럼

슬픔은 바람 속에서 흩어지고
눈물은 산을 씻으며 멀어진다

떠나는 자의 발자국 위로
시간은 쌓이고 또 쌓여
나는 산이 되고, 산은 나를 삼킨다
붉은 저녁 속에서 다시 자라난다

폐지의 무게

고물상에 던져진 폐지,
몸을 팔아 남긴 한 줌의 돈
비워진 몸, 낡은 골목에 내던져 진다

일용직 남자의 엉덩이를 받치던 날,
일감을 얻지 못한 고개 숙인 가슴에서
나는 소리 찌익 가난의 음표가
종잇장 위에 새겨진다

그러나, 골판지 틈을 지나
아직 뭉개지지 않은 뼈들이 남아 있다

그 무게가 누군가의 땀을 닦아주고 있었다
쌓이고, 버려지고, 무너진다

그러나 폐지는, 흙 속에서도 흔적을 남긴다
그 얇은 살갗 아래, 마지막 숨결이 남아 있다

흙 속에 스민 백장미, 기억의 잎을 떨군다

거리에 버려진 A4용지

나는 무겁다
누르는 것은 하늘인가,
욕심인가

희고 맑은 몸 위에
활자들이 스며든다

흰 구름처럼 떠다니며,
문장의 틈에
숨을 고르고 싶었다

계곡을 만들고,
꽃을 피우고,
숨결을 불어넣고 싶었다

그러나 검게 달려드는
먼지들의 발걸음,
나는 기가 죽고,
사각 진 모서리에
하루를 빼앗긴다

주적주적 내리는 빗방울,
일용직 일당을 벌지 못한
남자의 등처럼 나는 굽어진다

어둠은
내 안으로 모여들고,
세상은 나를 약하다고 조롱한다

그러나
내 속살 속에는
뽀얀 마음의 빛이 숨 쉬고 있다

그 누구도
빼앗을 수 없는 마음,
그것이
내가 가진
유일한 재산이었다

바람이 불지 않으면
나는 움직이지 못하는가

그 품속에서
백장미 한 송이,
흔적 없이 스며든다

백묵의 심장

한 송이 장미,
가죽을 벗고 기억 속에 솟는다

줄기 없는 명줄,
구겨진 여백에 흔적을 남긴 채
한 생의 원고를 저편에 묻는다

문장의 틈을 헤매는 숨,
활자 사이 어둠처럼 번진다

검은 활자의 숲,
그 속에서 나는 나를 자주 잃는다

구절의 골짜기마다
잊힌 눈물이 진눈깨비로 녹아내린다

종이는 오래된 심장의 맥박을 품고 있다

활자들은 맥박을 흉내 내다 지치고,
설합장 안감에 숨은 사연들은
벼려지지 못한 울음을 매만진다

간이역에 선 문장 하나,
어미 없는 말들이 출구를 찾는다

빈칸의 무게가 가장 무겁다는 것을
칸칸이 긋던 줄금 속에서 깨달았다

내가 앓던 말,
내가 뱉지 못한 말,
내가 끝끝내 쥐고 있던 말들은
구겨진 종이의 세로결을 따라
조용히 내 안에 필사 된다

잉크는 이미 기억의 시체가 되었지만,
어느 문장 한 끝이
마지막 연기로 타오르고 있다

누가 나를 접어 찢어도,
장미는 흰 여백 위에서 다시 솟는다

푸른 풀, 도시의 그림자

푸른 풀,
콘크리트 틈새에서 흔들린다

영덕, 화개, 영천, 구포 장—
스쳐 간 이름들 사이로
줄기 하나 몸을 흔든다

낡은 주머니에 갇힌 하루,
골목의 그늘에 얼룩진다

이 시간의 교차로에서
승리를 꿈꾸지만,
약한 뿌리는
보도블록 틈새를 찢어 뿌려진다

흐른 이마의 강줄기엔
사랑했던 여인의 흔적이 남고,
막걸리 한 잔에 눕는 통증은
아지랑이처럼 화석이 된다

첫 발걸음으로
하루의 하늘을 가늠하려 했지만,

온몸은 기울어진 신호등처럼
비틀거린다

카오디오에서 흘러나오는
푸른 풀잎의 노래,
편안한 좌석에서 누리지 못한 안락,
어둠이 내려앉을 때면
풀씨가 되어 둥둥 뜬다

내일을 삼킨 풀은 없다,
신호등 아래 저문 노을만 흔들린다

구름다리처럼 흔들리는 몸짓,
비릿한 눈빛이 스며든다

허름한 여관에 남겨진
막걸리 한 잔,
유목민처럼 떠도는 곤돌라,
타다 남은 별빛 한 점—

도시의 밤,
네온 속으로 스며든다

작은 깨달음

봄볕 속에서 뿌리가 숨을 틔운다

따스한 흙 속에서
쭉쭉 소리를 내며 자라지만,
눈을 뜨니,
세상은 꿈과 달랐다

비바람이 덮쳐오고,
태풍이 휘몰아칠 때,
나는 흔들린다

둥근 삶 속으로
불청객이 찾아왔다.
내 꿈을 갉아먹으며
아픔을 남겼다

아프다고 소리쳐도,
들어주는 이 없어
뿌리에게 울며 도움을 청했다

그런데,
날 갉아먹던 불청객이

어느 순간 날개를 달고
아름다운 비행을 시작했다

아!
내 아픔은 이것을 위한 것이었구나

오늘도 퇴근하며
상처들을 숨긴 채 문을 열면,
환히 웃으며 반겨주는 날개들

그리고,
상처 속에 숨겨둔 단맛들을 꺼내어
이놈 한 입, 저놈 한 입—
다 주고 나니,
통증들이 깨끗하게 사라졌다

벌레에 먹혀 보지 못한 것들은
이 기쁨을 알까

한 번 깎이고,
두 번 깎이면,
속살 속에 또 다른 봄이 자란다

십자수

은하수를 향한 길,
바늘 끝에서 떨린다

목책을 세우고,
눈빛과 감정을 한 올씩 엮어간다

때로는 그 무게가 징그러울 때도 있다
하나쯤 던져버리고 나면,
겨울바람은 이유도 묻지 않은 채
모든 동작을 정지시키고
먼지를 날린다

꼭, 그 길을 가야 하느냐
바람이 묻는다

나는 대답한다.
사는 방법이 이것뿐이라고

검은 천 위로 별똥 하나,
빛의 궤적은 허공에 흔들린다

자책하는 손목의 관절을 꺾고,
그 옆에 새긴 점들이
놀란 얼굴로 반짝인다

하나 다음에 하나로,
더 욕심내지 않은 것으로

삶의 중심에 희망이 있다고
여기까지 왔다

진흙 덩어리로 이루어진 길,
몸에 어느새
은하수들의 축제 소리가 스며든다

달빛으로 태양을 맞이할 수 있는 길,
멀리 뻗어간다

사자, 호랑이, 나비…
자신만의 자리를 가득 채우며
별빛 아래 깃든다

신의 별자리,
어둠 속에서 빛의 숨을 고른다

그림자의 자리

타는 하늘 너머,
산 12번지에 그림자가 박혀 있다

번화가의 불빛은 스쳐 지나가고,
비탈진 골목은
묵직한 어둠으로 길을 짓누른다

흔들리는 가슴을 따라
덜렁거리는 창을 똑똑 두드린다
동아줄보다 질긴 시간—
때론 고함 속에 갇힌 온기를 내던진다

혀처럼 날렵한 하루들이
미각을 잃어가는 동안, 아버지는
뽀송해지지 않는 담요 한 장을 덮고 꿈꾼다

두 팔로 보듬어 살아온 길들,
황혼을 지나 낮은 음으로 흐른다

달라붙은 껌처럼
낮아버린 빗속의 날들
아버지, 내일을 밀어내고
과거의 길목에 앉는다

그의 총기 잃은 눈빛을 걷어 올리며
나는 살며시 내려앉는 햇살 하나가 된다

푸르게 흔들리는 잎사귀,
이루고 싶었던 나무의 꿈인가
형광등 곁에도
그 자리는 빈 여백으로 남아 있다

그림자는 질긴 목숨을 끌어안고,
짧았던 미소를 담장 너머로 던진다

우두커니 앉은 자리,
주름살이 차곡차곡 쌓이고,
바람에 찬 기운 스며드는 저녁

덜렁거리는 처마 끝,
마지막 한마디가
그림자 속에서 멎는다

대리운전

쪼그린 몸,
반딧불 하나 띄운다

가로등 불빛이
미소로 그 신호를 훔쳐가고,
작은 반딧불은
몇 백도의 온도로 어둠을 태운다

급하게 울리는 전화벨,
숲속의 반디는
키 작은 나무들 사이에서
잠을 이루지 못한다

성큼 성큼 날아가지 못하는 하루,
밧줄에 묶인 듯
벗어나려 발버둥 친다

눈꺼풀은 천근의 무게로 내려앉고,
신호를 받아들일 안테나는
쉽게 세워지지 않는다

어이, 대리하는 남자!
새파란 귀때기에 불러도,
반딧불은 희미한 빛을 내며
화들짝 달려가 시동을 건다

차 안의 풍요 속에서
가졌던 빛 하나,
앞바퀴에 밟혀 처참히 깨어진다

깨진 불빛 하나,
어둠 속에서 울고,
흩어진 불빛 하나,
네온 아래 헤매고 있다

그러고 보니,
내 가슴에도 반딧불이 그렇게 살아
날 태우고 내일로 향한다

그래, 가자
반딧불은 저 너머에서 기다린다

물수제비

작은 돌멩이,
손끝에서 날아간다

망설임 없이,
속도를 실어
호수를 향해 뛰어든다

무명의 운명 속에서도
미소를 띄우며
물 파문을 찾아 나선다

수많은 자갈 속,
꿈꾸는 몸짓이
첫 울림을 낸다

나는 그 떨림을 놓치고,
돌멩이가 생의 중심을 달구던
마지막 소리를 들었다

한 번, 두 번
멀리 달려 나가며
호수를 춤추게 할 열기를
내 가슴에 새긴다

호수에 빠진 나무 그림자,
씨익 웃는 사이
물결이 환호성을 내고,
그 몸이 닿는 곳마다
흔적이 퍼진다

파란 하늘을 품을
작은 구멍이 열리고,
어떤 물결은 작게,
어떤 물결은 크게
각자의 방식으로
환영을 보낸다

너도 달리고,
나도 달리는 곳,
속도를 만들어야
물결을 일으킬 수 있었다

너와 나,
물결 속에서 흔적을 새긴다

새벽, 낙엽을 쓸다

새벽,
낙엽과 싸우며
아버지의 기침 같은 소리를 듣는다

별빛 흔들리는 틈,
밤하늘의 나이테를 쓸어내며
낙엽은 저물어간다

잎맥 속으로 스며든 대지,
물든 말씀이 다시 살아나
허공과 가지 끝에
유언처럼 새겨졌지만,

날마다 정체성을 잃어가는 잎들,
우르르 몰려 바닥에 내려앉아
흩어진 몸을 부여잡는다

솟대보다 높이 몸을 기대면,
흔들리기 전 세상을 걸어가며
푸르게 다시 살려보고 싶은 꿈 하나

미처 흘러가지 못한 물줄기,
그 속에 고인 눈물

바람이 불면,
무작정 떨어지고 마는
길가의 낙엽들.
서로를 닮아가며
바람 속에서 끝을 맡긴다

새벽별을 친구 삼아
인력시장에 몸을 팔던 아버지
티끌처럼 작아지며
그 어둠의 갈증 속에 발걸음을 내려놓는다

바스라진 이름조차 남기지 못한 채,
또 한 번 가을을 맞이한다

가지가 그려낸 얼굴의 그리움이
다시 가슴을 열게 한다

쓸어내고, 또 쓸어내도
등 뒤에 남아 손짓하는 길

손짓하는 길 위에서,
아버지의 온기를 조용히 건넨다

황태, 사막을 지나며

상형문자 같은 몸,
바다 냄새가 스민다

아내의 다듬이 소리에 깨어
낙타 한 마리가
사막을 달리는 소리를 듣는다

오아시스를 잃은 눈,
모래바람이 스며든다
자욱한 황사,
흐려지는 풍경

더 깊이 사막화되어 가는 몸,
서러움도 조건도 달지 않는다
살점이 자잘히 부서진 자리,
파도의 결이
소복이 쌓인다

황태는
중지된 기억을 모래 속에 묻고,
다음 생애 만날
오아시스를 향해
길을 만든다

굳었던 자리의 흔적을 따라
바다에 대한 그리움을
노래로 흘려보낸다

몸뚱이 모조리 던져
우려낸 자리,
모래톱을 닮은 또 다른 삶이
푹푹 빠진다

얼었다, 말랐다
어깨에 짊어진 나날들

뜨겁게 끓어오르다
한순간 몸속에 스민 사막,
돌아갈 수 없는 모래 늪이 된 날,
오아시스는
신기루처럼 멀어진다

가슴 한구석,
갈증이 풀처럼 솟고
어디론가 떠나고 싶은 지금

바다는, 저 멀리 숨는다

도시의 그늘

새 달력을 걸자,
헌 달력 뒤로 묵직한 그늘이 드러난다

불빛 흐린 골목 끝,
인쇄된 숫자가 흔들리는 그림자로 걸어간다

일월의 첫 숫자 하나를 꼭 쥐고,
홀로 기도하듯
조용히 속삭인다

날마다 그늘 속을 걸었던 시간들,
올해는 12장이 아닌
13장의 의미를 기록할 것인가

우수수 떨어지는 네온 조각처럼
삼백육십오 일의 바람 속으로
흘러간 도시의 그늘

달력 뒤편, 벽 한구석에서
자신만의 땅을 일구는 그림자
나에게도
다시 한 번 더 일구고 싶은 땅이 있다

도심을 가득 채우는 종소리,
흩어진 빛 사이로 흔들리는 마음

주변 빌딩보다 더 선명한 그늘의 그림자,
내 가슴속을 가득 채운다

달력 뒤에 남겨진 삶,
못한다는 말이 가려졌던 시간
수백 개의 숫자가 무게로 부딪치며
내게 흘러든 그늘

올해,
그늘마저 이름을 새긴다

그늘의 언어

웅크린 몸, 얼어붙은 시간 속에 숨는다

짧은 다리로 마네킹처럼 버티는 자리,
햇살을 그리워하며 잡초 줄기로 독백을 쓴다

하늘과의 경계선—
흔들리는 고개들,
햇빛을 모르는 어둠은
그늘이 전부인 것처럼
밤마다 별빛을 꿰맨다

그늘이 몸을 스치고, 뼈마저 식힌다

둥둥 울리던 시간 속에서
아프다는 말조차 내뱉지 못하고—
너무 어두워 속살이 보이지 않는 한숨들
캐내도 돌아오고, 막아도 밀려온 그늘,
그들의 눈빛 속에 갇힌 언어는
올해도 어김없이,
그늘은 조용히,
햇볕을 엿본다

육교를 건너며

건너편을 향해 몸을 던진다
육교 공중에 걸린 길,
아스팔트 위로 흐르는 인파의 리듬
내 다리는 나비를 찾아 헤매고,
늘 앉은뱅이로 기어가던 육교의 뿌리 곁에서
옹이가 되어버린 그 사람을 본다

육교처럼 떠다니고 싶었던 남자,
그가 꿈속 현실을 오가며 발자국을 새긴다

마음으로 가로지른 육교의 춤,
육순의 황혼은 빗방울처럼 흘러내린다

청청한 발자국들이 지나가고,
나는 날마다 건너다니는
그 남자의 자유를 생각한다

네온은 밤을 물들이고,
육교 난간에 그림자를 새긴다

승리의 문처럼 서 있는 육교, 나는 그 위에서
어둠 속을 가로지르는 빛을 좇는다

왈츠의 빗방울

왈츠의 발자국마다 물꽃이 피어오른다

선율에 취한 시선, 창밖을 향해 머문다

깊어지는 생각의 흐름 속,
꽃송이들은 만개하고
젖어버린 시간은 한 송이씩 꺾여
가슴에 스며든다

투명한 내일을 위해
대지 깊숙이 뿌리내리고 싶다

먹구름에 몸을 맡긴 쉼표들이
고단한 박자로 합창하는 밤,
저 길 너머로 가야 하지만
최면에 걸린 듯 우두커니 선다

비 꽃잎 넓게 펴고 있다

다시 하늘로 올라
햇살로 내려오고 싶은 것일까

추락의 깊이에서
꽃물이 퍼지고,
빗방울은 음표처럼 떨어진다

그러나 내 가슴은
여전히 왈츠 한 곡으로 자리 잡는다

한 번쯤, 우리는
비가 되고 싶다

손바닥 위로 흘러내리는
짙은 색의 꽃잎들,
창문 너머가 아닌
가슴속에서 피어난다

비 내리는 날의 음표 속에서
꽃을 끄집어내고,
조용한 새벽,
아래위를 맞추어 가며
두드리는 리듬

멀리 가고 싶어 하는 바람
하나를 잡으면 하나가 흘러내린다

꽃잎의 떨림 속에서, 젖은 리듬이 손을 잡는다

신발 속의 길

무심코 벗은 신발, 길이 남았다

아스팔트 냄새가 묻고,
흙길의 흔적이 희미하게 스며든다
풀밭을 걸었던 초록빛, 껌처럼 붙어 있다

한숨과 함께, 오래전에 잃은 길을 따라간다
잘게 부서진 통증이 뚜벅뚜벅 발을 내디딘다

잊고 싶었던 길들이
대로처럼 펼쳐지고,
머리가 어지러워 신발을 털어 보면
헝클린 그때의 뜨거움이
탁탁 소리 내며 흩어진다

그럼에도,
길을 가야 하는 신발 안쪽에
발이 쏙 들어가고,
텅 빈 공간은 다시 힘을 얻는다

밑창이 웃고, 길을 부른다

새벽 봄비

삼월의 음률,
사계의 소프라노가 흔든다

구멍 난 우산 아래,
발레 하듯 걷는 발자국,
봄날의 음표로 뛰어가다가
횡단보도에 멈춘다

꽃잎이 바르르 떨며 내는 소리,
마음 끝에 맺히고,
흘러가는 물의 춤 속에
목련의 마음도 떠난다

뒤돌아보면,
아직 해빙되지 않은
응달의 그림자가
아래로 흘러내려
제 몸에 한 줄씩
악보의 선을 긋고 있다

바닥에 부딪쳐 돌아오는 소리,
일일이 갈무리하며

둥글게 입 벌려 합창하는
나지막한 화음

도에서 시작한 도의 끝,
빈 객석을 가득 채운다

처마 밑,
빈 좌석처럼 허전한 공간이
몸 안으로 스며들고,
아직 더듬어 보지 못한 봄비 소리를
팽팽하게 당겨오려 한다

허리 숙여
뛰어드는 허름한 차림의 사내,
툭툭 떨어지는 빗방울이
그를 밀어낸다

땅속 수 백리 깊은 곳에
새겨진 비의 지문,
가슴속에 새록새록
음률의 포스터처럼 새겨지는 순간

손바닥에 젖어버린 언어들,
다시 한 번,
'시작'이라는 문구를
밖으로 내던지며
아직 마무리하지 못한 시간들을
한곳으로 불러 모은다

때론 불협화음으로
자신의 음표를 무시해버리고,
달리는 자동차 유리에
산산이 부서진다

새의 날갯짓을 박차고,
훨훨 날아오른 허공,
그곳에서 시작되는,

입술 꾹 다문 남자의
새벽 가슴

목련은 부서지고,
새벽이 다시 시작된다

제 **4** 부

활자의 피

하루가 찢어지고, 활자가 끊어진다
새벽녘 군불 속에서 자신을 화장하며 사라진다

노숙자의 이불이 되어
떨리는 밤을 덮기도 했고,
결과 행이 빼곡한 얇은 성 안에는
요지경 같은 계급과 이야기들이
창을 들고 어디론가 향한다

그들은 질기게도 쉽게 떨어지지 않았다
검은 잉크 글씨가 너무 깊어,
그 뼈를 털어내고 싶어 탈탈 털었지만
그들은 후— 가늘게 바람만 내뿜는다

찢긴 단면 속, 뽀얀 빛이 스며든다
손끝에 닿기 직전, 나는 활자를 읽는다

주식은 화살이 되어
사회면 어느 인사의 가슴에 꽂히고,
경제라고 뻐기던 굵은 활자는
힘 한번 써보지 못한 채
내 손아귀에서 꾸깃꾸깃 구겨진다

단면에 스민 피, 그들이 원하는 것은
인간의 따스한 피였다

아무리 구겨지고 찢겨져도
그 뽀얀 단면에는
사람이 들어갈 자리가 남아 있었다

문을 열고 그곳 안으로 들어가 본다

나이테들이 두레밥상처럼 모여
서로를 보호하는 곳,
결마다 촘촘히 사랑을 지니고
맑은 물관을 폭포처럼 흘려보낸다

가지에는 맑은 빛을 걸어두고,
누군가에게 입혀주려
말리고 있는 중이다

문을 열자,
허허 벌판이 펼쳐진다

속도, 그 저편에서

속도는 다리 없이도,
매정하게 내달렸다

잠시 주춤하는 것조차
허락되지 않았다

빈틈없는 선로 위,
무언가 지나가고,
그것이 남긴 잔상은
오늘을 달래는 진한 고백이 된다

한 사람의 생에를 쫓아 달렸던 길,
눈치 보고 한숨 쉬던 곳,
부족한 공허감조차
속도라 불러야 한다

마주쳐야 하는 바람일 뿐,
눈을 뜨면
복잡한 길 하나 선택해야 할 뿐

속도의 시달림에 익숙해진 삶,
앞서 달리는 자동차에

동경의 시선을 던지다가
그 횡포에 지쳐 쓰러지는 하루살이

더 빨리 달리고 싶어,
길에게 다리를 팔아버렸다

추월했다고 믿던 날들,
손바닥 뒤집어 보니
발자국은 제자리에서 헤맸다

사라져버린 다리,
다시 생겨날 것 같은 희미한 예감
빠름과 빠름의 망각 끝에서
명치를 꾹 눌러
식도염처럼 아린 통증을 삼킨다

오늘의 속도는,
오래전 두 다리로 달리던 속도로
다시 한 번 걸어갈 것이다

속도에 자신을 팔지 않고,
나는 나를 지켜낸다

잎의 태도

여름의 잎들은
녹색으로 무장한 채
가지 끝을 움켜쥔다

수천 번 되감은 긴장의 습관,
잎맥마다 터진 주름은
햇빛까지 걸러낸다

매달린다는 건
버티는 일이 아니라
바람 속에 자신을 누이는 일—
곧은 등뼈로 허공을 붙잡으며
몸보다 먼저 흔들린다

추락의 끝에는
바스락거리는 말들이 모인다

잎은 그 말들을 베껴
자신의 생을 적는다

비어 있는 것을 채우려는 본능,
바람의 문장을 밑천 삼아
투명한 방을 짓는다

계절이 잎을 지나며
피부에 선을 긋고 간다

그 선들이 겹겹이 쌓일 때,
잎은 더 이상 움켜쥐지 않고
스스로 풀린다

그제야
바람이 잎을 기억하고
잎은 바람의 형상을 닮는다

무게가 사라진 자리
비로소 하나의 문장이 완성된다

마지막 주유소

여든여섯,
마지막 고개를 넘는 길목에서
그가 누워 있다

달려온 세월,
가득 채워본 적 없는 기름통엔
아직도 책임이라는 연료가
덜컹거린다

링거액 한 방울,
핏줄 속을 흐르며
시동을 걸 듯 숨을 당긴다

"조금만 더"
자신했던 말이
목울대 어딘가에서
멈칫인다

창밖 바다에는
정박한 배 한 척,
구름 몇 조각 내려앉고
흰 가운을 입은 주유원이
미소 짓는다

귀에 익은 엔진 소음,
이제는 병명처럼
그를 따라 붙는다

"괜찮을 겁니다"
건조한 말 한마디
그의 눈동자에
오래된 지도 한 장 번진다

기름 바늘은 붉게 깜박이고
비포장 같은 생의 끝자락
이 길이 폐차장이 아닌
또 다른 출발선이기를

그는 링거를 받으며
조용히 엔진을 켠다
내 남은 길가에도
그처럼 들를 주유소 하나
있기를 바라며
나는, 걷는다

호박 줄기

제철을 맞은 호박넝쿨,
하룻밤 사이
무심한 감각 따라
줄기 끝이 길게 뻗는다

가난하지만
새벽 일터로 향하는
막일꾼의 걸음처럼,
내 가슴에도
멈출 수 없는 줄기 하나가 자란다

말로는 닫힌 오늘이
넓은 잎사귀 되어
가사 도우미로 나선
아내 얼굴에
잠든 피로를 감춘다

악착스럽게 감춘 표정,
잎사귀 한 조각 되어
조용히 등을 돌린다

밤새 더듬던 상처들은
이튿날 아침이면
흔적 없이 사라져
푸른 몸을 바람결에 맡기고,
햇살에 몸을 녹인다

큰 것, 작은 것
올망졸망 매달린 호박들,
줄기 자궁에서 태어난 꿈들도
같은 길 걷길 바라진 않을 테니

잎사귀를 따다 보면
흰 점 하나 찍힌 자국,
서로 설명할 수 없는
오해의 흔적임을 안다

짙은 녹음 속에 서서
뻗어야만 사는,
답답한 하루살이
인생의 숨결을 느낀다

아스팔트

굵어지다 터지는 핏줄 하나
숨을 삼키며
검은 몸이 뻗는다

달려본 적 없는 길
달릴 수밖에 없는 이름 하나
등 위에 얹힌 무게가
자꾸 등을 펴게 한다

무수한 발자국들이
제 심장처럼 다녀간다
어떤 것은 서두르고
어떤 것은 멈춰 서지만
나는,
끝까지 숨을 놓지 않는다

누구의 땀도 흡수하지 못한 채
뜨겁게 굳은 내 몸은
비에 젖지 않고
풀조차 내지 않는다

신호를 기다리며 보낸 하루들
속도에 삶을 바치고
침묵으로 밤을 닦는다

다 닳아버린 살결 밑
조용히,
싱그러운 숨 하나 움튼다
갈라진 틈을 비집고 나온
풀 한 포기
나를, 아스팔트를
견딘다

달려온 자국 위로
검은 심장 하나
미소처럼
버티고 있다

그 공간

나는, 장롱 뒤에서 태어났다

빛도 이름도 없는 자궁,
집이라는 육체가
끝내 보여주지 않던
그 한 조각의 내부

한 번도 닦이지 않았던 벽의 살결,
먼지가 문질러낸 나의 얼굴
그곳에 나는 오래 있었다

말 대신 눌러 쓴 숨,
틈으로 빠져나온 옛 감정들,
가구는 항상 그 쪽을 외면했다

세상의 정면은 반질거렸다
광을 입은 기계들,
속이 꽉 찬 얼굴들,
도려낸 목소리로 웃으며
정답 같은 시간을 살아갔다

나는, 그 웃음의 옆면이었다

때가 낀 외벽에서
내 안의 노래를
조용히 들어주던 것은
오직 벽지의 숨결뿐
그날, 짐을 옮기다가
아내가 한참 벽을 바라보았다

그 침묵 안에 오래도록
서 있는 나를
처음으로 만난 듯이
움직이지 못하는 것들의 등 뒤엔
늘 어떤 진실이 조용히 늙는다

그 어둠 속에서 나를 키운
말 없는 시간들,
그 여백은 지금도
혼자 살아 있다

입춘 - 공사 중

겨울이 눌러앉았던 자리에
꽃바람이 출입 허가를 받는다
작업복 입은 햇살이
얼음 틈에 망치질을 시작하면
봄은 설계도를 펼치고
첫 창문을 달러 온다

폐기물처럼 흩어진 눈발 사이
나무들은 철근처럼 앙상하고
움트는 연둣빛 소문은
아직 공사장의 안전모를 쓰지 않았다

입춘, 그 말의 입술이
반쯤 열린다
두툼한 겨울을 한 겹씩 벗기며
바람이 목덜미를 쓰다듬는다
누군가의 입술을 슬쩍 훔쳐가며
가장 먼저 짓는 건
심장이다

기억하자
처음 봄이 올라설 때,

비닐하우스처럼 부풀던 내 가슴
쌓인 눈 아래서
아직 부화 중인 온기 하나
그것이 다가와
입김으로 숨을 바꾼다

지금, 계절은
미완의 집
벽체는 서 있고
창문엔 이름 없는 바람이
이미 살고 있다

봄은
입 맞추는 공사다

알츠하이머 — 브라운관의 시간

고장 난 TV를
아들이 새 걸로 바꿔주었다
낯선 화면 속 세상은
내 얼굴을 모른다

나는
웃음만 반복하던 브라운관 안의 사람
채널을 눌러도
내 장면은 어디에도 없다

등뼈처럼 휘어진 안방 의자,
엉덩이 자국 깊게 파인 방석
그곳에서 나는
하루하루를 송출해왔다

뚜껑을 열자
먼지로 쌓인 기억들이 흩어진다
말하지 못한 말들,
꺼내지 못한 영상들
회로판 어딘가
내가 있었다

나는 지금
자막 없는 뉴스처럼
읽히지 않고
해석되지 않는다

새 TV는 매끈하고 똑똑하다
나는 전원조차 잊은 사람
단추 없는 리모컨처럼
아무것도 되돌릴 수 없다

누군가 내 과거를 눌러줄 수 있다면
다시 한 번,
나는 내 이름을 틀고 싶다
단 한 장면이라도 온전히 나였던 날을

꺼진 브라운관 안에서
나는 여전히
숨죽인 채
눈을 뜨고 있다

책상 위에 자

반쯤 부러져 아들 책상 한켠에 눕는 자,
한때는 든든한 기술자의 손길로
직선을 긋던 찬란한 기억이 조용히 흐릿해진다

모퉁이를 들썩이며 잊힌 시간을 속삭이고,
명퇴 당한 노병처럼 구석으로 밀려난 몸에는
주름살 같은 흔적들이 깊다

부러짐은 그에게 억울한 침묵으로 남아
찐득한 열정의 마지막 불꽃이 그 자리를 붙든다

한 길만 바라본 삶,
비록 더 이상 큰 선을 긋지 못해도
남은 눈금 위에 작지만 단단한 선을 긋고 싶다

늙어 작아진 몸짓으로 말없이 고개 숙이며,
아들의 새 책상 아래 조용히 자신만의 자리를 지킨다

사라지는 존재가 아닌,
여전히 선을 긋는 노인의 손끝으로

바다 품은 산, 고요의 노래

바다는 은빛을 흘리며 푸른 물결을 밀어 올린다
산봉우리는 물길을 따라 하늘을 향해 깊어진다

산속 암자에 들면 목어 소리 바람에 스며들고
고향의 이야기가 파도 끝에서 속삭인다

산은 바다를 품고 바다는 산을 적신다
소금에 절인 세월이 고행의 길을 더욱 새긴다

비바람은 지나가며 오랜 이야기를 풀어 놓는다
고요 속에 스며든 풍경 수많은 해탈이 머문다

오래된 나무 한 그루 세상의 법을 잊고
미소 지으며 가지를 흔든다

못 — 벽을 뚫고 피어난 금속의 기도

단단한 벽이었다
아무리 문을 두드려도
아무 말도 하지 않던 벽이었다

그래서 나는 나를
뾰족하게 깎았다
눈물과 쇳물로 끝을 세우고
침묵의 미간을 향해
전신을 날렸다

망치,
거대한 외면이 나를 후려쳤다
정수리를 내리찍을 때마다
나는 내 이름을 잊어갔다
머리카락 대신 날마다
금속 가루가 떨어졌다

그러나
조금씩, 조금씩
나는 그 벽을 파고들었다
살 속에 벽을 묻으며
벽의 피를 물들이며
나는 뿌리가 되었다

그리고 피웠다
이쁜이가 걸어놓은 색색의 옷
가족사진 속 웃음의 꽃
희미한 향기가 벽을 감쌌다
내가 아팠던 자리마다
따뜻한 꽃잎이 솟았다

단단한 벽이 있을수록
나는 더 단단해졌다
부러질 수도 있었지만
나는
벽의 중심에서
주인이 되었다

지금,
내 안에는 벽이 있다
내 안에는 꽃이 있다
내 안에는 망치의 울림이
아직도 살아 있다

빗살무늬 망령

물결치는 빛의 망령들,
백화점과 골목 마트 사이
원시인의 피가 흐르는 빗살무늬가 춤춘다
철과 플라스틱 벽을 뚫고
숨결과 뼈마디를 움켜쥐며 목숨을 건다

문틈 사이로 새 발자국 찍히고,
어제 오른 능선길 따라
잊힌 부족의 언어가 포장지마다 울려 퍼진다
둥글게, 둥글게, 조명이 달빛처럼 흔들릴 때,
바위도끼에 찍힌 키스는 바람 속에 흩어져
가벼운 웃음소리에 묻혀 사라진다

스스로 몸속을 들여다보며
수십 번 읽으려 애쓰지만
오늘은 내일로 넘겨진 채
오래전 족장의 후예임을
몇 번이고 되뇌인다

몸 중앙 새겨진 새로운 문자가
달빛 따라 흐를 때면
노래 한 소절 마침표 찍고
마른 가랑잎처럼 부서짐을 서러워한다

귀퉁이 닳은 문자 몸짓은
쉼표 하나 모아 쉬고 싶지만
바쁘게 쏟아지는 빗살에 맞서
잔주름 와글거리는 목덜미를 부여잡고
오후를 향해 자신을 읽히고 또 읽혀
해독되길 간절히 바란다

문이 닫히면 새들은
바스락거리는 빗살무늬 하나씩 매달고
둥지를 찾아 저녁 어둠 속으로 사라진다

바코드라는 이름으로 변형된 빗살무늬를 품고

불볕의 더듬이

여름이면
태양의 더듬이가
내 주름살 가장 깊은 곳까지 파고든다

말라붙은 가슴뼈 사이로
먼지처럼 싹이 돋고
그는 하루에도 수십 번
단내 나는 비탈길을 오르내린다

헐떡이는 창문에
입술을 적시고
철근처럼 쌓이는 환호―
쇳조각 같은 미소하나 없고
서쪽으로 퇴근하는 이들

나는 그 뿔이 무서웠다
무작정 걸려 넘어 질까봐
구석진 자리에만 숨곤 했지

그러는 사이
꿈들은
지글거리는 아스팔트를 질주했고

뿔들의 잔치 속 통로엔
황혼이 저문 노래 한 줄
유일한 증거처럼 남아 있었다

거부할 수 없는
그 햇살의 뿔 아래
나는 오래된 길목에
망설이며 발을 디뎠다

칙칙한 발목이
내 삶을 덮고
나는 조용히
한 줄기 그림자 길이 되었다

뿔은 울릴 수 없었다
나는 다만,
제 자리에
한 생의 기록으로 박히고 싶었다

낙엽을 쓸면서

머리칼 위로 떨어진 낙엽이 속삭인다
"가을은 나무 가지 사이로 더 깊어져 간다"
빗자루가 휘두르는 소리는 바람과 대화하는 듯
낡은 얼굴에 맺힌 땀방울은
낙엽 위에 붉은 그림자를 남긴다

한 그루 나무에서 떨궈진 가을은
단단한 밧줄 되어, 모두를 조용히 묶는다
물기를 거둬 먹은 잎사귀들,
그 끝에서 불꽃 하나가 피어오른다

새벽어둠 속, 바스락거리는 그들의 대화에
별빛들은 은은히 미소 지으며 함께 머문다

바쁘게 걸음을 재촉하는 중년 아주머니의 발걸음 뒤로
낙엽들은 아직 말 하지 못한 이야기를 남긴다

미화원의 손끝에 모여든 가을은
한 잎 한 잎 가슴에 스며든다
처음 만난 새벽과 같은 낙엽들이여,
쓸어도 또 쌓이는 이 바람 속에서
우리도 서로 악수하며 시작 한다

번개의 뒷모습

비에 젖은 아버지의 어깨 위 헐렁한 하늘이
대롱대롱 매달린다, 번개 한 조각
기역자로 꺾인 골목을 밝히면
나는 모르는 무게가 발목으로 스며들었다

어머니는 그런 것 없다고 했다
새장의 문이 된 가슴을 다독이며
지저귐이 되지 못한 침묵만
눈동자 속에 걸어두었다

돌담을 타고 자란 나팔꽃 한 송이
빗방울 하나가 연통을 굴러 나오던 날
그 번개는 아직 나의 기억을 되감는 페이지였고
아들은 내 바지를 잡고
저 하늘은 왜 그러냐고 물었다
나는 아들의 눈에 비친 하늘을 보며
뻣뻣한 침묵으로 대답을 미뤘다

그러다 바람이 불었다
비에 젖은 발자국 하나가 골목 끝에 멈추었고
나는, 헐렁하던 하늘 한쪽이
단단해지는 것을 보고야 말았다

직선, 부러진 날

직선 한 다발을 손에 쥐고 걷는다
손바닥은 점점 투명해지고
핏줄은 울음을 삼킨다
하나씩 뽑아 자갈밭 마음에 심는다

말라붙은 감정의 고랑,
그 위로 태풍이 지나간다
직선들은 자라나는 척하며 우주를 긁고
뿌리 하나, 풀린 신발 끈처럼 무너진다

심장을 관통하던 그 직선이
드디어 꺾인다
곡선으로 휘어진 팔이 나를 안는다
흙먼지가 뿌옇게 날아올라
숨을 토해내는 노래가 시작 된다

직선 하나,
빙글빙글 돌다
자동차 바퀴에 부서진다
바람에 휘청이는 나머지 선들
더는 들고 있을 수 없어
막무가내로 뿌려버린다

손등에 물집이 피어나고
직선은 다시 나를 규격화하려 드는데
나는 그 틀을 부수는 곡선 하나를 꺼낸다

곡선의 숨결은 둥글다
울음처럼 생긴 기둥 하나
그 위에 노래를 세운다

한 자락 바람이 묻는다
이젠 괜찮겠냐고
나는 대답 대신
손에 남은 마지막 직선을
꽃처럼 접는다

기둥, 아직도 절 안에 들지 못한

천 년의 염원,
손발을 잘라 내고 남은 몸,
속세에 반쯤 걸려 있다

매일 허리 굽혀 백팔 배를 하지만,
굳어진 몸속엔 염불의 뜻이 닿지 않고
입술만 암송할 뿐이다

바람은 균열 속으로 스며들고,
빗물은 눈물 되어 흐르지만,
뜨거운 햇살 아래 그림자 하나, 기둥으로 서 있다

버리고 또 버리라 했지만,
풍경은 자신을 쳐 소리를 잃고,
계곡물은 자신을 낮춰 오곡을 살찌운다

기둥은 천 년을 버텨 왔지만 아직 열반은 멀고,
들고나는 발걸음 바라보며 세상을 더 품으려
자신을 비우려 한다

절을 향한 길은 멀지만, 기둥은 서 있다
묵묵히, 흔들리며

신문

오늘 아침 배달된 신문을 펼친다
겹겹이 쌓인 활자들이
양파 껍질처럼 기억을 감싸 안고,
문신처럼 가슴에 새겨진 하루의 상처와 흔적들

찢겨 나갈 운명 앞에
진하게 스며든 잉크 냄새는
시간의 바람에 실려
곧 과거가 되어 버릴 이야기들

철석같이 약속하며 돌아서는 사람들,
수없이 맺은 말들이 바람결에 흩어져도
누군가는 또 다시 입술을 움직인다

한 줄 한 줄 읽어 내린 오늘의 삶을 담아,
소리 없이 구석에 접힌 채
버려진 채로 사라지는 신문 한 장

그 무게만큼,
살아낸 하루도 가볍게 사라진다

바람의 족보

작은 씨 바람이 제 몸을 날린다
허 허 공간의 계단과
뭉텅 찍어놓은 구름들과의
짧은 대화가 나무들을 흔든다

곱게 접은 편지지처럼 그리움 같은
스침이 잠시 머물었던 곳에
흔적들이 밑줄처럼 드리워졌고
그 틈 사이로 생명의 말씀 하나가
메말라 있던 담 사이 작은 곳간에
자식을 잉태하곤 책갈피처럼 덮인다

나는 내가 스스로 만들지 못한
바람에 의하여
가지를 꺾고 잎사귀를 버린
슬픈 바람의 지난 이야기에 불과했다

내가 지닐 수 있는 풍선에
입김을 잔뜩 불어 나만의 방을 만들었다

나도 바람 결 따라 새로운 곳에서
새 바람으로 날 씻어

바람 소리에 잘 익은 박자로
일어나고 싶었다

바람은 막히면
비명 소리 내지 않고
옆으로 몸을 꺾는다

얼굴도 모르는 바람 앞에
고개를 숙일 때면
풀어졌던 옷매무새를
손봐야 했기에
공손한 시원함이
본래 내가 만들어 낸 것인 줄 알았다

점자처럼 파고든 바람은
가슴에 족보 한 줄 새겨 놓고
눈뜨게 만든다

제 5 부

새벽의 점수

새벽 눈빛 속에 별이 담길 때,
빗자루 하나, 쓰레받기 하나,
마음 하나 들고 나는 일터로 나선다

반갑게 맞아주는 건,
버림받은 악취와 알맹이 빼앗긴 껍질들의 몸짓.
나는 그들을 토닥이며,
맑은 자리 하나 새로 만든다

빗자루로 밑줄 긋듯, 길 하나 생겨나
사람들이 맑게 걸어가면, 나는 내게 1점을 준다

"힘들지요?" 묻는 말에,
"아뇨" 자신감으로 답할 때,
또 한 점 내게 선물한다

비바람이 몰아칠 때, 모두가 처마 밑으로 숨을 때,
나는 당당히 걸어 나가 쓰레기를 치우며
나 자신에게 또 1점을 건넨다

교통사고 난 현장, 누군가 쓰러졌다는 소식에
빠르게 119를 부르고,
그 뒤 치우며 또 한 점을 쌓는다

동료가 세상을 떠났다는 소식,
그날은 나의 점수는
바닥으로 곤두박질치고
허무가 마음을 짓누른다

하지만 이내 다시, 나는 용기를 내어 일어선다
또 1점, 내 안의 작지만 단단한 불꽃을 켠다

열점을 채우기는 쉽지 않다
열점에 닿으면, 나는 하늘을 날아오를 듯 행복하리라

그러나 열점을 향해 걸어가는
오늘, 지금 이 순간, 나는 이미 행복하다

왜냐하면, 점수는 숫자 이상, 내 삶의 숨결이요,
내 존재의 증명임을 나는 알고 있으니까

눈뜨면 보이는 곳에 행복이 있다
오늘 나는 내게 몇 점을 줄까?

이 하루도, 환경미화원으로 살아가는 나는
조용한 별 하나, 하늘에 점수를 찍는다

지붕 위 달꽃

날마다 피고 지는 달꽃,
하루살이 목숨 지붕 위에 올려놓고,
억지웃음 속 별들의 신음 숨겨둔다

깜박이는 그믐 보름,
긴 줄기 욕망 휘감아 돌고,
거친 대로변을 스치며
텅 빈 가슴을 포장한다

바람 몸짓은 허락 없이 가슴을 흔들고,
촛불 같은 소리 머나먼 뿌리로 흘러간다

새벽 달빛이 꽃망울 추스르면,
피워보지 못한 절반 생애가
뭉클히 흘러내려
뜨겁게 한밤을 달구고,

아침 해가 떠오르면
이름도 모를 꽃잎은
조용히 뒤란에 내려앉아,
고개 숙인 채 눈물 흘린다

또 한 번이라는 노랫가락,
장단 무릎에 감싸 안고,
잃어버린 날 더 환하게 피어나는 달꽃,

우주 빛 한 줄기 그리움 되어
만만찮은 지붕 텃밭을 올곧게 지키리라

채움 뒤엔 더 깊은 신음으로
고개 숙이는,

지붕 위 달꽃이다

아파트의 귀향

고층 아파트에 감금된 심장,
쇠똥 냄새 지닌 시골 외양간은
불법주차 영수증처럼
기억의 복도에
탁, 탕, 소리 없이 두드려댄다

기억의 높이는 승강기 벽에 갇혀
현기증처럼 조급하게 비틀거리고,
귓가에 울린 누렁이 짖음 한마디로
단단한 콘크리트에 논과 우사가 새겨진다

도시의 검은 잡초가
디스크 걸린 허리를 조이고,
비틀거리는 나는
모자이크된 하루를
억지로 삼키며,
또 하나의 높이 되어
지상에서 멀어지는 무게를 키운다

몇 층의 행복일까,
묻지 않는 햇살이
유리창 틈새로
거실을 가득 채워도,

돌담 집 마당 온기는 정지선을 넘어
머뭇거리는 차량처럼 망설인다

뿌리 깊은 빈 공간을 처음부터 만든 채
채워야만 사는 삭막함,
바람처럼 휩쓴 그리움이 아파트를 적시고,

중간층 여자의 죽도가
반창고처럼 붙여진
상처 위로 피 흘릴 때,
나는 무심한 건조증 중증 환자

가을 낙엽에 적힌 일기 한 줄이
불법 도면 되어 오늘을 깨뜨리고,

놀이터 화단 쉬는 잠자리 날갯짓은
황혼 하늘로 날아올라,
시골 정자나무 아래 잠을 청한다

가을 철공소

가을을 품고 부풀던 잎사귀,
말라붙은 눈물 한 방울이
조용히 땅을 적신다

뒤돌아선 달력 너머로
한 남자의 잎이 뚝뚝 떨어져
가슴 밑바닥을 깊숙이 쓸어내린다

연삭기처럼 돌고 도는 시간의 겹겹,
미련은 갈라진 나뭇가지를
꽉 쥐고 놓지 않는다

바스락거리는 낙엽 아래,
발걸음마다 홍시처럼
무르익은 가을이 배어난다

남자의 저녁은 희미한 황혼 속에 스며들고,
강물 위 반사된 시간은 고요히 쌓여간다

완성된 줄 알았던 가을 철공소는
텅 빈 몸뚱이 하나를 남긴다

망치질에 붉게 타오르는 불꽃,
덜렁이는 잎사귀처럼 휘청이는 굽은 등,
네온 빛 심장에서 튀는 스파크,
검게 얼룩진 상처가 일기장에 새겨진다

한 잎으로 일군 가을,
푸른 희망이 잎맥을 닦아내며
기계음 가득한 관절마다
차곡차곡 쌓여간다

문을 열면,
아직도 날카롭고 무뎌지지 않은
가을 잎들이
철공소 한켠에 빽빽하게 쌓여 있다

해녀, 바다의 몸짓

그녀 몸속엔
파도 굴렁이는 심연이 흐른다
짠 내 입맞춤 속 물결은
밤새 뜨거운 비밀을 눌러 담는다
풍덩, 바다의 심장 속에 담긴
마지막 불꽃이 물길을 가르고,
거친 숨결을 쏟아내며
깊은 침묵 속 그녀의
혼자만의 제단에 제사를 지낸다

졸업장과 기억은
전복 껍데기 속 숨죽인 진주처럼
검은 바다 솥 속에 던져진
뜨거운 고요
누렁이 울음 대신
바다의 저편 파동들이
긴장된 몸을 감싸 안고,
잠든 옛 사랑을 씻어낸다

깊이 잠수한 그녀는
물거품 속에 숨을 묻고
홍합 입술에 새긴

침묵의 노래를 듣는다

"그녀 어디에 있느냐"는
파도 속 질문에도
짙은 바닷속 사랑은
무거운 돌처럼 가라앉아

검은 해녀복은 바다의 그림자 되어
흰 포말은 그녀의 눈물이 되어
갯바위에 내려앉는다

반평생을 품은 바다는
말하지 못한 사랑의 무게를 품고,
그녀는 짝사랑처럼 바닷속으로 잠긴다

마지막 고백은 숨결로,
깊은 물길로,
흐르는 파도 소리 되어
자식들의 안부를 묻고
나는 기일에 바다를 마주하며
그녀의 체온을,
바다의 품속에 가두어진 사랑을 느낀다

마지막 잎사귀는 당신의 이름으로

그들은 고열로 쓴
나무의 시였다

완벽히 연출된 한 장르처럼
익은 오후, 지루박처럼 흔들리고
탱고처럼 뜨겁게 무대에 올랐다

잎사귀들이었다
짧은 다큐처럼,
바람의 대사를 입고
차례로 퇴장했다

떠남은 완성이다
더 넓은 무대를 위해
그들은 스스로를 떨구었다

푸름을 다 소화해 낸 이파리
대사 한 줄 남기고
사람들 가슴에
황혼의 밑줄 하나 그어두었다

나무의 손톱에서 자라
몸이 되었던 기억들
오늘도 빈 가지에 걸리고

땅을 더듬으며
어디론가 쓸려갈 때
한 잎은 속삭였다
다음 무대를 기다린다고

하늘을 한 조각 머금고
흙으로 내려가
살아온 날을 고백할 때면
잎맥이 되살아나
뿌리에 가슴을 문지른다

박수를 바라지 않은
최고의 작품
마지막 한 장 남은 잎사귀,
그 이름은
당신이었다

누이, 봄 재봉사

겨울의 적막을 꿰맨다
샛바람 한 자락 타고
봄의 작업들이 밀려온다

빈 가지마다 옷감을 널고
누이의 손끝은 재봉틀처럼 분주하다
푸른 달빛 한 폭,
천 조각처럼 이어붙인다

목련이 꽃잎을 떨구자
봄비가 대신 옷감이 된다
누이는 그 비를 당겨
가슴 한복판을 재단 한다

졸음 사이로 떨어진 눈물,
실처럼 가는 꿈 하나
심장을 지나
새벽 종소리 속에 박음질 된다

살얼음 같은 밤을 지나
누이의 이불 아래
잎사귀 하나가 태어난다

완성품은 곧 시장으로 나간다
누이의 봉긋한 가슴 같다고
봄비는 입술을 열지 않는다
갈증을 꿰맨 실밥만 남기고
비는 길을 떠난다

잘려나간 실밥 끝에서
누이는 다시, 제 이름을 꿰맨다
패턴도 없이 버티어온 세월
그녀의 손은 아직 곧다

음계 한 줄 접어놓고
하늘의 한 귀퉁이를 넘긴다
잎맥 하나,
봄의 대사처럼
선연히 노래한다

화수나무

허공을 조용히 주워 담는
잎 하나가 있었다
그건 바람보다 먼저 흔들렸고
이름을 달지 않은 손으로
하늘의 음지를 닦고 있었다

굳은살 박힌 손바닥 위로
생의 잔가지들이 지도를 그린다
숭숭 뚫린 생은
바람을 들이며 자랐고
움켜쥔 공허 속에 뿌리가 스몄다

자존심은 갈색으로 말라갔고
무게마저 잃은 날들
가볍게 흔들릴 뿐
그 안엔 말없이 가라앉는 고요만이

매연 속에서도
초록의 맥은 살아 있었다
도시라는 낯선 토양에서
잎은 무릎을 굽히지 않았다

밤이면 네온 불빛 아래
잎사귀는 오래된 꿈을 펼쳤고
말라붙은 눈물 자리에
새벽이 쌓였다

부러진 가지에서
다시 피어난 약속
그건 떠나는 일이 아니라
남는 것의 무게였다

그래서 오늘도
그 잎 하나
내 가슴 위로 떨어진다

가지의 좌표

그들이 서서히 물든다
숲은 그늘 한 뼘 간격 남기고
이름에 의미를 부여해
메아리처럼 물들어가는
휘어진 가지들의 좌표 위에
점점이 찍힌 발자국의 주소는
편지 봉투 속으로 갈무리 된다

굵은 가지는
작은 글씨를 허락했을지도 모른다
한쪽으로 몰린 나이는
자잘한 가랑잎에 파묻혀 허우적인다

지천명을 넘긴 어느 날
소나무 껍질 같은 길을 보수하며
곳곳에 파열된 수맥을 뿌리에 잇는다
부러진 가지의 상처를 모르고
그 위에 또 다른 나이를 얹는다

끝없이 불던 바람은
빈 공간을 채우려
가지들을 흔들었을 것이다

잎사귀를 헌납하고
빈 가지 하나로 우뚝 서려

미처 가지 못한 길의 꿈을
가을 잎사귀에 새겨 흩뿌렸지만
빛깔들은 밀려
원점의 중력에 묶여 있다

이름표 하나 달지 못한 채
석양을 바라본다
저 노을빛이 마지막 인사라 쓸 수 없기에
간격을 두고 깊은 쉼과 호흡을

나이테는 오솔길 초입에서
붙잡아야 할 그림자의 부피로
잊은 맥박 수가 발목을 접질러
뜻밖의 충격을 준다

능선 너머 숨긴 내일을 품고
어둑한 산길을 따라
주름진 뿌리는 땅속으로 걸어간다

설야를 품다

이방인의 침묵에
시간을 조금 더 얹는다

잘게 부순 기억들,
새끼손가락 끝에 맺힌
흰 물방울이
지평선 너머로 산을 만든다

어둠을 받아 적은 풍경,
찻잔에 담긴 미소가 말을 건넨다

오솔길 따라 오르던
하얀 발자국들
녹은 온기 속에
송이송이 흔들린다

흰 집에 문하나 달고
그제야 주저앉는다

순간은 저장되고
기억은 우르르
한꺼번에 몰려나와

빈 공기를 어지럽힌다

거미줄보다 정교한 하루,
기운 그림자는
물구나무로 중심을 잡는다

손바닥에서 녹아내리는 말,
늘 처음처럼 떨린다

끈적한 무게가
백색 오선 위를 미끄러지며
춤을 춘다

설야의 어둠이
소리 없이 태어나
자리를 펴고, 길을 떠난다

발가락

사방으로 둘러싸인 신발 속
말 한마디 없이
길의 표정을 더듬는다

진흙탕을 지나
메마른 모래에 발등을 베이면서도
그저 묵묵히
낙타의 마디 같은 관절을 접는다

침묵은 늘
가장 낮은 곳에서 굳는다
벙어리가 된 발가락은
혼자만의 미로를 어루만지며
굳은살로 위로를 짓는다

비틀린 하루들 속
비틀비틀 걷는 건
취해서가 아니라
버텨낸 발톱의 균열 때문이다

새 신의 웃음은
사방을 돌아다니다가

험한 꿈 위에서 멈추고
절름거리며 걷는 누군가를 떠올린다

그는 타국에서
사람처럼 일하며 사람처럼 다치던 이
그 발걸음이 나를 향해
호통처럼 스쳐갔다

막다른 오늘에도 발가락은 묻지 않는다
묻히지 않은 채,
또 한 걸음,
묵묵히
자리를 지운다

발이 없다

대교 위에 선 그는
발이 없다
잘려나간 자리마다
버티며 살아온 시간이
고름처럼 터진다

희망은 늘 가느다랗다
낮은 숨결로
내일을 데워 먹으며
버티던 삶의 끄트머리,
지금 그는
걷고 싶어도 걷지 못한다

발이 없는 것들이
세상엔 많다.
두 다리에 힘주고
인생을 질주하던
그때의 열정은
무슨 이유로
그렇게 허공에 흩어졌을까

그가 버린 발은
이제 허공을 걷는다
빠르게 움직이는 사람들,
그들의 발자국을 들여다본다
비슷하지만
닿지 않는 좌표들

뚜벅뚜벅,
시간은 그를 지나 걷고
절벽은 여전히 아래 있다
허공에 떠 있는 그의 자리에서
그는 묻는다

그대는
나의 발을
본 적 있는가

침묵의 강을 건너는 새 - 자살공화국 건설 중

요단강으로 이어진
회색 도로 위,
물새 한 마리 숨을 토하고
깃털 몇 잎 떨구며 떠난다

붉은 물살은 감염되었고
창끝의 기척은
폭설처럼 가슴을 덮는다

둥지는 현실의 윙윙거림 속
산산이 부서져
급류 위 허공을 부여잡는다

수만 번 허우적이다
육지를 향한 꿈을 꾼다

대한민국의 어느 숲 어귀,
그 물새의 날갯짓 위에
하얀 무게가 쌓인다

그의 발목을 쓸고 간
삶의 물살은

어디에선가
피 흘리며
우리를 기다린다

품 안의 아이 숨결조차
시멘트에 이마를 누인 채
잠들고

심장은 묵직한 무지개 하나를
헛기침처럼 뱉어낸다

그것을 왕관처럼 이고
물새들은 다시 강을 넓힌다

발등 위의 나무

오십을 넘기고 나서야
통증이 자라기 시작했다
발등 위, 말 없는 한 그루 나무
무게로 매일을 눌러 앓고 있었다

누가 심었는지,
언제부터 뿌리를 내렸는지
잊힌 기억 끝자락에 매달린 채
썩은 심지를 끌어안고
여전히 잎사귀 하나 틔우는 중이다

바람의 채널을 타고
대지 깊은 눈물의 주파수가
가지 사이로 스며들고
딱—
부러지는 것은 뼈가 아니라 삶이었다
신음이 묻은 미소가 씨눈처럼 매달렸다

지켜온 물관의 길이
상처의 수분을 빨아올리며
발등 위를 천천히 흘러간다

만남과 이별이 축축한 거름이 되어

그 이름으로 나는 조금씩 늙어갔다

통증은 불규칙한 예보처럼 찾아왔지만
언젠가부터 친구처럼 느껴졌고
이름조차 붙이지 않은 채 그저, 묵묵히 견뎠다

만져도 사라지지 않는 그 통증
바위 그림자에 누운 채
풀잎 몇 송이가 낯선 화음으로 말을 걸었다

그 말에 귀 기울일 즈음
발등에서 자라난 나무는
나의 깊은 물살을 당겨 올리며
늦은 오후의 잎새를 흔들었다

저 산 너머
어느 시인이 노래한 강촌이 있다지

뿌리는 타박타박 걸어갈 것이다
바람 하나 맞으며
몰랐던 나의 나무 한 그루,
늦은 열매하나 피워낼 것이다

빈터, 여유의 숨결

집 모퉁이 돌아서면
게으름으로 몸을 내맡긴 그의 얼굴,
세상의 무게 아직 견디지 못한 듯
느긋하게 풀려 있다

세파의 칼날에 베이지 않은 것일까,
아니면 오래전부터
쥐었던 것들을 하나둘 내려놓은 것일까

그의 내력은 잔잔한 물결처럼,
잡초가 저절로 피듯 빈터에 번져간 기다림
이름 모를 풀잎들, 자리 뺏지 않고
넉넉히 숨 쉬는 품
시간의 위액 속에 몸을 담근 채
삶의 들고남에 순응하는 순한 영혼

색안경 너머의 냉소조차
조용한 기다림으로 스며들고,
빈터, 비워야 채워지는 곳,
마음 가득 꿈이 쌓이는 공간
텅 빈 그 숨결이 더 넓고 깊게 번지길,
여유로 가득 차길 바라며

놀라요 뻥

내가 가진 건 목소리 하나
내 목소리 듣고 싶으면 날 빙글빙글 돌려주세요
아버지가 평생 가족을 위해 빙글빙글
내 목소리 터지면 고단함들이 알갱이로
세상을 향해 쏟아져 나가죠
아버지가 한잔 걸치시고 골목길 비틀거리며 걸으시는 모습
우르르 달려들어 그 고단함을 먹느라
아버지얼굴을 재대로 본적이 없죠
가을 산 한쪽에 있는 무덤이 제가 만든 혹으로
나뭇잎 부서지는 소리로 가슴에 남아요
추석전날 까지도 큰 소리 탕탕 치면서
아들 신발 한 켤레 사가야 한다고 하셨죠
귀를 막지 마세요
고소한 알갱이의 추억을 잊지 마세요
먹을거리 귀하던 시절 때문만 아니에요
지금은 풍족하다 생각하지만 아직도 배고픔에 대하여
아버지의 주름살을 살펴볼 시간이에요
참 좋은 가을이에요
당신을 빙글빙글 맛있게 돌려 튀겨 드릴게요
우리들의 아버지가 웃으시는 그 소리처럼
가슴이 뻥 뚫릴 때까지 말이에요

제비, 둥지를 찾아서

한겨울을 여덟 겹 접어
남녘 하늘 길 따라 비상 한다
달은 뜨고
어둠의 고지서에 새겨진
바람의 벌칙은 미로가 되어
내 비행을 가로 막는다

계절은 너무 무겁게 접혔고
이번 비행이 마지막일 듯해
눈 감으려 할 때
어느 날카로운 화살이
왼쪽 어깨를 뚫고 지나간다
나는 자꾸만
몸을 잃어간다

그러나 달은
늘 같은 자리에서 빛나고
오래 지은 둥지의 기억은
심장 속 뼛속 깊이 박혀
세모난 건물 모퉁이에 앉아
법원 피뢰침처럼
날카로운 시선으로 세상을 찌른다

색 바랜 날개를 움켜쥐고
얼굴을 가리며
고드름처럼 얼어붙는 겨울
내 심장은 여전히
두 눈 시퍼렇게 뜬
어느 새 둥지를 기억 한다

봄은 여전히
벽 틈을 타고 스며들고
깊은 골짜기 저편
풀잎 하나 꿈틀거리듯
나는 다시 허공으로
힘겹게 날아오른다

흥부가 품었던
박씨 하나처럼
허술한 이 공중에
내 둥지를 조심스레 그려 본다

팽팽한 하루

기역자로 꺾였던 어제를 천천히 펼친다
누가 당겨 놓았는지 알 수 없는
단단히 무장한 시간들이 줄지어 선다

하루는 마라톤 주자처럼 출발선에 서서
산짐승처럼 갸르릉 신호음을 내뿜는다
닫혀 있던 가슴의 문을 조심스레 열고

문 안으로 들어온 팽팽한 긴장감은
회전목마의 어지럼과 희열을 번갈아 쏟아낸다

당겨진 하루는 멈추지 않고
시간을 조이고 닦고, 풀며
쉼 없이 이어진다

어제의 후회와 오늘의 다짐이
내 안에서 소리 내어 길을 낸다

날마다 팽팽해지는 하루는
그만큼 또 깊어지고 늙는다
끊어질 듯 위태로운 긴장 속에

투명해진 숨결은

수천 번 다리에 힘을 주고 발을 내민다
하루의 혈액 속에 나를 수혈하며 견딘다

곧 시작될 0시가 조용히 다가와
스르륵 속삭인다
팽팽한 긴장은 잠시 눈 감고
잠속으로 스며들어
생의 조각들을 빚어낸다고

내일 문 앞, 손잡이를
꽉 움켜쥔 내가 있다

나이를 먹어가면서

명치끝에서 옹이가 서럽게 운다
어제까지 삼킨 시간이
소화되지 않은 채 말을 걸어온다
엉킨 위벽은 암 같은
날들을 반죽하며
쉰 숨결을 토해낸다

신발장 구석, 헌 구두 속에서
안개 같은 기침이 새어나오자
놀란 고막이 귓밥을 와르르 밀어내고,
옹이는 잠에서 깨
엄마를 찾는 아이처럼
두려움에게 말을 건넨다

불빛 속으로 빨려든 그림자를 본다
옹이는 단단한 껍질 속에서 숫자를 세지만
기억나는 숫자는 없다
살아온 날들의 행간 속에서
나는 바람에 쓸려 가는
마른 먼지였음을 깨닫는다

햇볕 아래 살면서도

햇볕을 알지 못했던 나,
더 이상 그림자에 불과했음을
새삼스레 느낀다

남루한 한 조각이 창자 속으로 스며든다
굳어버린 시간들이 소리를 외치자
방출을 멈추었던 꽃잎 같은 순간들이
뿔뿔이 흩어지고,
더 이상 주저할 시간이 없다

명치끝에서 빠져 나온 옹이,
마른 태엽을 감아 돌리는
시계바늘 아래
나는 길을 떠난다

달맞이길, 어머니의 뒷모습

달맞이 언덕엔 언제나 바다가 없다
바다는 등 뒤에서 밀려오고 있었다

어머니는 늘 그쪽을 보고 있었다
이 길은 사랑이 아니라
살아 있는 자의 귀향이었다

동백 아래 치맛자락이 바람에 젖고
돌계단 틈의 이끼처럼
지나간 말들이 눌어붙었다

그늘 쪽으로 기우는 마음
초승달은 파도 위를 건너
바람은 무릎을 꿇고 지나간다

나는 가끔 그녀가 앉던 벤치에 앉는다
언덕도 어머니도 긴 침묵을 배우고 있었다

누군가의 뒷모습은
끝내 마주할 수 없는 얼굴
이 길은 지금도
누군가의 마지막 편지를 읽고 있다

| 발행인의 말 |

자아의 성찰과 삶의 관념을 위해 끊임없이 연마하는 김두기 시인

서평 **박 선 해**

　김두기 시인은 자신의 인생길에서 유일한 인생 장르가 된 "오로지 문학"을 하는 참 시인입니다. 우리 삶의 진정성을 이해하고 체득하며 사람과 사람의 굴레에서 느긋해지는 미소는 한층 그의 시를 더 농축하고 있습니다.

　김두기 시인의 시 중에서 「석부작」의 아름다움을 봅니다. 자연과 인간의 삶, 그리고 그 속의 고요한 인내와 희망을 섬세하게 포착하고 있습니다. 김두기 시인의 은은한 침묵과 인내의 미학이 여기에 고스란히 묻혀 있다고도 볼 수 있습니다. 이 시는 도심의 틈, 돌, 뿌리, 그리고 비와 같은 자연의 이미지를 통해 '석부작'이라는 인공과 자연의 경계에 선 존재를 노래합니다. "돌은 아무 말도 하지 않는다"로 시작하는 첫 연은, 말 없는 존재의 무게와 그 속의 고요함을 강조하고 있습니다. 이는 곧 인간의 내면, 혹은 삶에서의 침묵과 인내로 치환되니 치환법이 잘 사용되고 있음에 학습하게 됩니다. 은유에서도 그 표현력을 잘 갖춰 온 김두기 시인은 "그 사이 한 줄기 뿌리가 안간힘으로 숨을 틔운다" "흙 한 줌 없어도 삶은 자리를 만든다"와 같은 구절은 척박한 환경 속에서도 생명이 움트는 모습을 보여줍니다. 이는 우리 모두가 겪는 어려움과 한계 속에서도 끊임없이 삶을 이어가고자 하는 의지를 상징합니다. "살아 있다는 건 피어남이 아니라 / 무너짐을 받아들이는 일"이라는 문장은 이 시의 핵심 메시지로 읽힙니다. 삶의 본질이 성장과 성공만이 아니라, 상처와 무너짐을 받아들이는 데 있음을 담담하게 이야기합니다. 이는 자연의 순환과 윤회, 그리고 인간의 내면적 성숙을 함께 떠올리게 합니다.

조용한 윤회와 기도의 시간을 자주 갖는 시인은 석부작을 통해 "쇳소리 묻은 하루 위로 조용한 윤회가 감돈다", "모든 견딤은 기도가 된다"와 같은 구절에서 자신만의 독특함을 여실히 보여줍니다. 도시의 소음과 반복되는 일상 속에서도 조용히 이어지는 생명의 순환과, 그 속에서 우리가 할 수 있는 것은 '견딤'이라는 기도뿐임을 일깨우게 하고 있음입니다. 결론적으로 이 시는 석부작이라는 작은 생태계에 투영된 인간의 삶을 통해, 침묵과 인내, 그리고 그 속에 깃든 희망과 재생의 메시지를 전합니다. 돌과 뿌리, 그리고 계절의 변화 속에서 시인은 말 없는 존재들의 견딤과 그 너머의 조용한 기적을 노래합니다. 「석부작」은 자연의 미세한 움직임과 인간의 내면을 절묘하게 겹쳐 놓으며 고요한 언어로 삶의 본질을 사유하게 하는 시입니다. 침묵과 무심함, 인내와 희망이 어우러진 이 시는 독자에게 잔잔한 울림과 위로를 선사하고 있습니다.

이번 제7시집의 표지 제목이 된 시 「햇살 철공소」는 김두기 시인의 시 삶의 본래라는 아련한 느낌이 뭉클 와 닿아 대표하는 시집 제목으로 최종 결정하였습니다. 겨울의 끝자락, 봄의 문턱에서 느끼는 내면의 변화와 자연의 부활을 섬세하게 포착한 작품입니다. 시인은 '철공소'라는 독특한 공간 이미지를 빌려, 햇살이 마치 금속을 벼리듯 얼어붙은 마음과 계절을 녹이고 새롭게 단련하는 과정을 그려냅니다. 시의 첫 연에서 움츠린 방 안의 그림자와 영양실조로 축난 마음은 겨울의 침체와 무기력함을 상징합니다. 그러나 '실타래처럼 풀려' '반가운 소리'에 '끝을 잇는다'는 구절에서, 점차 생기가 돌기 시작하는 내면의 변화를 예고합니다. '햇살철공소'라는 상상적 공간은 현실과 비현실의 경계에서 시적 상상력을 자극합니다. 햇살이 용광로, 망치질, 벼려냄 등 금속공예의 언어로 변주되며, 겨울의 잔재를 녹이고 봄이라는 새로운 형상을 만들어내는 과정이 역동적으로 펼쳐집니다. 늘 시적 감각과 상징성을 염두 하는 시인은 '여린 바람', '여자들의 수다', '목련의 주먹', '꽃샘추위의 입술'등 감각적이고 생생한 비유는 자연의 움직임과 계절의 변화를 마치 살아있는 존재처럼 그려내고 있습니다. '작년 여름, 부러졌던 가지'와 '거미줄 같은 햇살'은 상처와 치유, 기억과 재생의 이미지를 겹쳐놓습니다. 상처 위에 '초록의 문장'이 새겨진다는 표현은 아픔 위에 새 생명이 피어나는 희망의 메시지로 읽혀집니다.

꾸준한 자기 내면을 다스리는 시인은 아직 '겨울 속에 잠들어 있지만', 동네와 산등성이에는 '각자의 몸을 의뢰하는 주문서'가 쌓이고, 햇살철공소는 바쁘게 '묵혀 둔 시간의 쇳조각'을 '봄의 형상'으로 깎아냅니다. 이 과정은

개인의 내면뿐 아니라 공동체 전체, 자연 전체가 새로운 계절을 준비하는 의식처럼 느껴지고 있습니다. 마지막 연에서 '진달래 한 별', '개나리 속치마', '바람의 입술'등 봄의 생명력 넘치는 이미지들이 펼쳐지며, '첫 입맞춤을 기다리는 시간'이라는 구절로 설렘과 기대, 새로운 시작의 감정을 마무리하는「햇살 철공소」는 일상적인 자연의 변화와 내면의 감정, 그리고 영적 각성을 유기적으로 결합해 낸 시입니다. 독특한 공간적 상상력과 감각적 이미지, 세밀한 감정선이 어우러져 독자에게 깊은 여운을 남겨줍니다. 겨울에서 봄으로 넘어가는 이행의 시간, 상처와 치유, 기다림과 설렘이 촘촘히 엮인 이 시는 계절의 변화만큼이나 인간의 내면도 끊임없이 벼려지고 새로워질 수 있음을 조용히 일깨워 주기도 합니다.

다음은 "달맞이길, 어머니의 뒷모습"과 "해운대, 물 위의 시간"이 두 편의 시는 부산의 대표적 명소인 달맞이길과 해운대를 배경으로 공간과 시간, 그리고 그곳에 깃든 기억과 정서를 섬세하게 포착하고 있습니다. 시인은 자연 풍경과 인간의 내면을 교차시키며, 사라짐과 기다림, 그리고 남겨진 자의 슬픔과 희망을 조용히 노래합니다.

"달맞이길, 어머니의 뒷모습"의 시는 어머니의 뒷모습을 통해 삶과 이별, 그리고 남겨진 자의 내면 풍경을 그립니다. '바다가 등 뒤에서 밀려오고 있었다'는 구절은 과거의 기억과 감정이 현재의 삶을 조용히 감싸고 있음을 암시합니다. '이 길은 사랑이 아니라 살아 있는 자의 귀향이었다'는 문장은, 달맞이길이 단순한 추억의 장소가 아니라, 살아 있는 이들이 자신을 돌아보고 어쩌면 자신과 화해하는 공간임을 드러냅니다. 동백 아래 치맛자락이 바람에 젖고 돌계단 틈의 이끼처럼 지나간 말들이 눌어붙었다는 구절은 자연의 세밀한 묘사를 통해 어머니와의 추억, 말하지 못한 감정들이 시간 속에 고요히 쌓여 있음을 보여줍니다. 끝으로 누군가의 뒷모습은 끝내 마주할 수 없는 얼굴이라는 진술은 결국 우리는 사랑하는 이의 진짜 모습을 다 알지 못한 채 그리움만을 안고 살아가게 됨을 시적으로 표현하고 있습니다.

또한 "해운대, 물 위의 시간"으로 들어가 보겠습니다. 이 시는 해운대라는 공간을 통해 시간의 흐름과 인간의 흔적, 그리고 기억의 본질을 탐구합니다. '제 자리를 잃은 파도가 먼저 도착한다'라는 첫 구절부터 해운대의 파도와 모래, 바람, 동백섬 등 자연의 이미지가 시간과 기억의 흐름을 김두기 시인 특유한 상징성으로 드러내고 있습니다. '달맞이 언덕엔 달보다 오래된 기다림이 뜨'라는 표현은 이곳이 단순한 관광지가 아니라 오랜 시간 사람들의 기다림과 그리움이 쌓인 장소임을 암시하고 있습니다. 도시는 해안을 따라 확장되지만 풍경은 언제나 한 발 물러서 있다는 구절은 인간의 문명과 자연의 거리를 사유하게 하며 변화하는 세상 속에서도 변하지 않는 풍경의 묵묵함을 강조합니다. 바다는 기억하지 않지만 그 자리에 또 다른 발자국을 기다린다는 문장은 바다가 인간의 기억을 품지 않지만 그럼에도 불구하고 우리는 끊임없이 그곳에 새로운 흔적을 남기려 한다는 인간의 존재론적 슬픔과 희망을 동시에 담고 있습니다. 이 두 시는 장소와 시간 그리고 그 안에 깃든 인간의 감정을 아름답고 절제된 언어로 그려냅니다.

　김두기 시인은 모든 시에서 보면 자연 풍경을 단순한 배경이 아니라, 인간의 기억과 감정 그리고 존재의 의미를 탐색하는 장치로 활용을 잘하기도 합니다. 무엇보다도 김두기 시인의 시들은 누구나 한 번쯤 겪었을 법한 상실과 그리움, 그리고 그 속에서 피어나는 조용한 희망을 담담하게 전하고 있어 읽는 이에게 깊은 여운을 남겨주어 성찰의 시간을 갖게도 하도 있습니다. 부산이라는 구체적 공간을 통해 보편적 인간의 정서와 삶의 진실을 섬세하게 포착한 아름다운 작품입니다.

　시간과 생의 무게를 품은 존재 의식을 내포한 「고목」은 한 그루 오래된 나무를 통해 인간의 삶과 내면을 깊이 있게 성찰하는 시입니다. 시인은 고목이 가진 '잎', '나이테', '옹이' 등의 이미지를 빌려, 인생의 무게와 그 속의 희망, 그리고 상처와 성장의 의미를 섬세하게 풀어냅니다. "가진 게 많을수록 잎은 바람의 표적이 된다"는 구절은, 삶에서 소유와 집착이 오히려 상처와 시련의 표적이 됨을 상징적으로 드러내고 있습니다. "벗어낼수록 가벼워진 몸, 겨울 속을 걷는다"는 표현은, 내려놓음과 비움이 오히려 삶을 견디게 하는 힘임을 보여줍니다. 이러한 통찰은 고목을 통해 인생의 겨울을 걷는 이들에게 상실과 열망이라는 깊은 공감을 줍니다. "옹이는 고통이 아니라 기억의 주름"이라는 구절이 이 시의 백미입니다. 누구나 겪을 법한 성장기 상처와 아픔이 단순한 고통이 아니라, 살아온 시간의 흔적이자 성장의 증거임을 담담히 받아들이는 태도가 인상적입니다. 꺾인 가지마다 옹이가 피어나듯 시련을 겪고도 더욱 단단해지는 존재의 아름다움을 보여줍니다. 희망과 발전의 힘도 보여주는 김두기 시인은 이 부분에서도 그 모습이 여실합니다. "하늘은 먼 곳이 아니라 매일 올려다보는 곳 / 천천히, 그러나 분명히 황혼을 밝혀간다"는 구절은, 일상 속에서 희망을 발견하고, 하루하루를 묵묵히 살아가는 삶의 태도를 따뜻하게 그려냅니다. 고목이지만 여전히 하늘을 올려다보는 존재, 그것이 곧 우리 모두의 모습일지도 모릅니다.

「고목」은 자연의 이미지를 빌려 인간의 삶과 내면을 깊이 있게 탐구한 시입니다. 상실과 상처, 그리고 그 속에서 피어나는 희망과 성장의 의미를 담담하면서도 따뜻하게 그려내 읽는 이로 하여금 자신의 삶을 돌아보게 만듭니다. 언어의 절제와 상징의 밀도가 돋보이며, 무엇보다도 삶에 대한 긍정과 연민이 잔잔하게 흐르는 아름다운 시입니다.

'스탠드 속에 어둠의 집 한 마리가 산다'는 어둠과 빛, 침묵과 움직임, 내면과 외면의 경계를 섬세하게 탐색하는 작품입니다. 일상적인 사물인 '스탠드'와 '어둠'을 통해 존재의 불안과 내면의 상처, 그리고 그 속에서 피어나는 희망의 실마리를 그려내고 있습니다. 시인은 '스탠드 속'이라는 한정된 공간에 '어둠의 집 한 마리'라는 독특한 이미지를 배치하고 있습니다. 집이 마치 살아 있는 존재처럼 '옹크려'있다는 표현은 어둠이 단순한 부재가 아니라 주체적이고 의도를 가진 존재임을 암시하고 있습니다. 이 집은 밤마다 어둠을 '짜 맞추며' 동아줄을 엮고 그 안에

'사람을 살게 하려' 꿈을 문패로 달아둡니다. 이는 상처와 고통 속에서도 삶의 의미와 희망을 찾으려는 인간의 내면적 노력을 상징적으로 보여주고 있습니다. 스위치가 내려지고 벽이 숨을 죽이며 심장소리가 칼날처럼 퍼지는 장면은 극도의 긴장감과 불안을 드러냅니다. 시인은 빛의 중심에 닿으려 하지만 '그곳엔 오래전부터 집 한 마리가 옹크려 있었다'고 말합니다. 이는 빛인 희망, 구원에 쉽게 닿지 못하는 인간의 한계와, 그 한계 속에서 어둠인 고통, 상처가 이미 자리를 잡고 있음을 보여줍니다. 어쩌면 자아로부터 완전히 자유한 해방을 꿈꾸는 김두기 시인이었을까! 하고도 느껴지는 '집은 아픔으로 흔들리고 / 바라보는 공간은 점점 넓어진다'는 구절에서 시인은 고통을 통해 내면의 공간이 확장되고 있음을 암시합니다. 어둠의 그림자를 뒤로 둘수록 '길은 물먹은 종이처럼 부풀어 오른다'는 표현은 상처와 아픔을 마주하며 오히려 삶의 지평이 넓어지는 역설적인 진실을 담고 있습니다. '집 한 마리가 문을 열고 / 나를 입장시킨다'는 구절은, 시인이 마침내 자신의 내면 깊숙한 곳, 즉 어둠과 상처가 자리한 공간을 받아들이고 들어서는 순간을 보여줍니다. 이는 자기 수용과 치유의 시작을 상징하며 독자에게도 자신의 어둠을 직면하고 화해할 용기를 건네는 압도적 힘을 이 시는 담고 있습니다.

일상적인 소재일 수 있으나 시를 통해 깊은 내면의 풍경을 섬세하게 포착합니다. 어둠과 집, 빛과 침묵, 상처와 성장이라는 상징들이 서로 얽히며 읽는 이로 하여금 자신의 내면을 들여다보게 만듭니다. 시인은 고통과 두려움 그리고 그 너머의 희망과 해방을 조용히 그러나 강렬하게 노래합니다. 이 작품은 독자에게 자신만의 '어둠의 집'을 마주하고 그 문을 열 용기를 건네는 아름다운 시입니다.

그리고 정말 아름다운 시「달 꽃이 아프다」에 들어가 보겠습니다. 달과 꽃이라는 상징을 통해 인간의 고독, 상실, 그리고 삶에 대한 그리움을 섬세하게 풀어낸 작품입니다. 시인은 보도블록 위에 핀 꽃, 밤새 지붕 위에 묶여 있던 달, 쓸쓸한 마음의 향기 등 일상 속에서 마주치는 자연의 이미지를 빌려와 감정의 결을 촘촘히 엮어냅니다. 특히 "뜨거움을 안으로 감추고 / 끝없이 눈길 닿는 곳을 휘젓는다"라는 구절에서는 겉으로는 차분해 보이지만 내면에는 뜨거운 열망과 아픔이 소용돌이치는 인간의 내면을 절묘하게 드러냅니다. 달 꽃은 밤의 어둠 속에서 피어나지만, 그 빛과 아름다움은 곧 스러질 운명을 지니고 있습니다. 이는 곧 우리의 삶, 사랑, 꿈이 언젠가는 식고 사라질 수밖에 없다는 존재의 슬픔을 상징합니다. "떨어지는 꽃잎에 마음을 기울인다"는 구절은 사라져가는 것들에 대한 애틋함과 연민을 담고 있습니다.

시인은 식어버린 것들, 눈물 젖은 날들, 바람의 노래 등으로 삶의 고단함과 상실의 흔적을 노래하면서도, "생을 향한 그리움의 꽃 / 활짝 피고 싶어 하는 꽃"이라는 구절을 통해 희망과 열망을 놓지 않습니다. 이 시의 가장 큰 미덕은 자연과 감정을 교차시키는 섬세한 이미지와, 그 안에 담긴 깊은 공감의 언어입니다. 달 꽃은 결국 우리 모두의 마음에 피는 아픈 그리움의 꽃이며, 시인은 그 꽃의 아

품을 통해 삶의 아름다움과 슬픔, 그리고 희망을 동시에 노래합니다. 최종적으로는 "오늘도 달 꽃은 아프다"는 반복되는 상실과 그리움 속에서도 계속 살아가야 하는 인간의 운명을 담담히 받아들이는 성찰로 읽힙니다. 이 시는 읽는 이로 하여금 자신의 내면을 들여다보게 하고 저마다의 달 꽃을 떠올리게 만드는 힘을 지녔습니다.

 김두기 시인은 앞으로도 끊임없이 자신을 다듬듯 시로써 시인의 사명을 다할 것입니다. 어찌 보면 이미 그의 천상에서 내려준 그의 천성이 된 인생 장르였지 않았나 합니다.

 삶에서 부단히 노력하는 시인을 대한다는 것 또한 즐거운 일입니다. 교감으로 그와 함께 성장하는 많은 독자와 시인이 삶을 이루어 가기를 바랍니다. 햇살 철공소가 독자 여러분의 인생길에 동반하는 행복한 나날을 기대해봅니다.

 김두기 시인의 제7시집 햇살 철공소를 축하드리며, 독자들에게 많은 사랑받으시길 바랍니다.

햇살 철공소

초판1쇄 발행 2025년 7월 7일

지은이 김두기
펴낸이 박선해
펴낸곳 도서출판 신정

주소 경상남도 김해시 우암로 8
전화 010-3976-6785
전자우편 sinjeng2069@naver.com
출판등록 김해, 사00008. 2020년 9월 22일

ISBN 979-11-92807-31-7 03810

정가 13,000원

* 이 책은 저작권법에 따라 보호받는 저작물이므로 무단전재와 무단복제를 금지하며, 이 책 내용의 전부 또는 일부 내용을 재사용하려면 사전에 저작권자와 도서출판 신정의 동의를 받아야 합니다.
* 저자의 의도에 따라 작품의 보조동사와 합성(=합성명사)어는 띄어쓰기나 방언에 따라 표현이 (향토어 지역어 은어 속어 기타 등) 달라질 수가 있습니다.
* 잘못된 책은 교환해 드립니다.